Primeiro catecismo da doutrina cristã

Em apêndice: "Ofício da Imaculada Conceição da Virgem Maria"

Petrópolis

Editora Vozes Ltda.
Rua Frei Luís, 100
25689-900 Petrópolis, RJ
www.vozes.com.br
Brasil

156ª edição, 2014

9ª reimpressão, 2025.

Todos os direitos reservados. Nenhuma parte desta obra poderá ser
reproduzida ou transmitida por qualquer forma e/ou quaisquer meios
(eletrônico ou mecânico, incluindo fotocópia e gravação) ou arquivada em
qualquer sistema ou banco de dados sem permissão escrita da editora.

IMPRIMATUR
Por comissão especial do Exmo. e Revmo. Sr.
Dom Manuel Pedro da Cunha Cintra,
Bispo de Petrópolis.
Frei Hugo D. Baggio, O.F.M.
Petrópolis, 8-7-1969.

CONSELHO EDITORIAL

Diretor
Volney J. Berkenbrock

Editores
Aline dos Santos Carneiro
Edrian Josué Pasini
Marilac Loraine Oleniki
Welder Lancieri Marchini

Conselheiros
Elói Dionísio Piva
Francisco Morás
Gilberto Gonçalves Garcia
Ludovico Garmus
Teobaldo Heidemann

Secretário executivo
Leonardo A.R.T. dos Santos

PRODUÇÃO EDITORIAL

Aline L.R. de Barros
Jailson Scota
Marcelo Telles
Mirela de Oliveira
Natália França
Otaviano M. Cunha
Priscilla A.F. Alves
Rafael de Oliveira
Samuel Rezende
Vanessa Luz
Verônica M. Guedes

Capa: José Simões

ISBN 978-85-326-0317-3
Este livro foi composto e impresso pela Editora Vozes Ltda.

SENHOR MEU JESUS CRISTO,
VÓS QUEREIS QUE HAJA
UM SÓ REBANHO
E UM SÓ PASTOR:
FAZEI-ME, POIS,
ACEITAR A VOSSA DOUTRINA TODA.
AJUDAI-ME A OBSERVAR
OS VOSSOS MANDAMENTOS.
FORTIFICAI-ME
COM OS VOSSOS SACRAMENTOS.
QUE EU VIVA ASSIM
UNIDO À VOSSA SANTA IGREJA
E, GUIADO POR ELA,
CAMINHE SEGURO
PARA A PÁTRIA FELIZ DO CÉU.
AMÉM.

SUMÁRIO

Apresentação, 10

Orações, 14

O sinal da cruz, 14 • Glória-ao-Pai, 14 • Credo, 14 • Pai-nosso, 15 • Ave-Maria, 15 • Salve-rainha, 15

Atos de fé, esperança, caridade, e contrição, 15

Ato de fé, 15 • Ato de esperança, 16 • Ato de caridade, 16 • Ato de contrição, 16 • Breve ato de contrição, 16

[Temário das lições]

O sinal da salvação, 17 • Jesus nos revela o Pai, 20 • No batismo de Jesus se revela a Santíssima Trindade, 23 • Jesus prometido como Salvador, 26 • Jesus vem nos ensinar a viver como filhos de Deus, 30 • Jesus nos ama até a morte, 33 • Jesus nos ensina a rezar, 36 • Jesus nos mostra a vontade do Pai, 39 • Jesus nos fala da maldade do pecado, 42 • Jesus nos fala da outra vida, 45 • Jesus nos dá os sacramentos, 47 • Jesus nos dá sua vida, nos faz seus irmãos, 50 • Jesus nos faz seus soldados, 53 • Jesus vive conosco, 56 • Sejamos dignos de Jesus, 59 • O sacrifício de Jesus, 62 • Jesus nos dá o perdão do Pai celeste, 65 • Jesus alívio dos doentes, 70 • Jesus conosco pelos padres, 73 • Jesus une para sempre os casados, 76 • Jesus nos ama pela Igreja, 80 • Como amar a Jesus, 84

Oração da comunidade cristã: a Santa Missa, 87

Orações cotidianas, 110

Oração da manhã, 110 • Consagração a Maria Santíssima, 110 • Santo Anjo, 110 • *Angelus*, 110 • Rainha do céu, 111 • A Cristo-Rei, 111 • Oração da noite, 111 • Pelas almas do purgatório, 112 • Preparação para a confissão, 112 • Depois da confissão, 114 • Preparação para a comunhão, 114 • Ação de graças para depois da comunhão, 116 • Alma de Cristo, 117 • A Jesus crucificado, 117 • Renovação das promessas do Batismo, 118 • Consagração ao Sagrado Coração de Jesus, 118 • Consagração ao Coração Imaculado de Maria, 119 • Lembrai-vos, 120 • Modo de rezar o rosário, 120 • Ladainha de Nossa Senhora, 123 • Para a bênção do Santíssimo Sacramento, 124 • Para depois da bênção do Santíssimo, 124

Cânticos, 126

Advento, 126 • Natal, 126 • Quaresma, 126 • Páscoa, 127 • Pentecostes, 127 • Santíssimo Sacramento, 127 • Primeira comunhão, 127 • Nossa Senhora, 130 • Procissões, 130

Ofício da Imaculada Conceição da Virgem Maria, 133

Matinas, 135 • Prima, 137 • Terça, 138 • Sexta, 139 • Noa, 140 • Vésperas, 142 • Completas, 143

Apresentação

Apresentando a edição remodelada e atualizada do tradicional *Primeiro catecismo da doutrina cristã*, propomos as seguintes considerações:

Por que conservamos quase na íntegra o texto antigo:

a) porque a tiragem de milhares de exemplares anuais lhe provam o valor e a eficiência;

b) porque, após um período de abandono ou quase abandono do processo de memorização, mais e mais se volta a ele;

c) porque a formulação do texto é de notável fidelidade teológica. Reconhecemos que há textos difíceis. Todavia, achamos que é mais fácil e seguro esclarecer no futuro uma formulação correta, não assimilada de todo, do que corrigir uma formulação assimilada, mas defeituosa;

d) porque visamos oferecer um texto completo e atraente quanto possível, mas barato, ao alcance da bolsa da maioria de nossos vigários e fiéis.

As modificações:

a) cada lição se apresenta baseada numa história bíblica, ilustrada em cores, no cabeçalho;

b) na moldura das ilustrações, dizeres resumindo a lição;

c) referências a vários e valiosos recursos pedagógicos e didáticos para os catequistas e alunos. O uso deles é facultativo. Dependerá do preparo e do poder aquisitivo dos interessados;

d) ligeiras alterações no texto antigo;

e) maior desenvolvimento e atualização de um ou outro tema;

f) aplicação do assunto à vida litúrgica, interior e apostólica;

g) ilustrações didáticas.

O uso deste catecismo:

Seguimos o método mais comum:

1) História bíblica, de acordo com a ilustração do cabeçalho da lição.

2) Doutrina extraída da história: o texto em perguntas e respostas. As questões assinaladas com asterisco (*) são as mais importantes.

3) Aplicação do assunto à formação da vida litúrgica, interior e apostólica. Quanto à vida litúrgica, no primeiro ano visamos familiarizar os alunos com o ordinário da Santa Missa.

Como auxílio aos catequistas e alunos, sugerimos os seguintes recursos: (A – B).

A – Bíblia

Citação do início da história bíblica.

B – *História Sagrada* (Heuser – Vozes)

Citação da página onde se encontra a história bíblica relatada para os alunos.

Para a primeira comunhão

Aos que desejarem usar este mesmo catecismo para a catequese de primeira comunhão sugerimos as questões que julgamos mais importantes, além das orações que devem ser aprendidas de cor:

assunto	n. das questões
sobre Deus	10, 13, 14, 19, 20, 21, 29
sobre o pecado original	37-47
sobre Jesus Cristo	48, 49, 53-57
sobre a redenção	59, 60, 68
sobre a oração	70, 72, 75
sobre os mandamentos	78, 79, 82, 83
sobre o pecado	85, 87, 89, 94, 95
sobre os novíssimos	98, 99
sobre os sacramentos	102, 108
sobre o batismo	110, 111
sobre a eucaristia	123-126, 131-134 (lei do jejum)
sobre a missa	139
sobre a confissão	143-148, 150-153, 155, 156
sobre a ordem	165-173
sobre a Igreja	185, 193, 194
sobre a vida cristã	196-199

Quanto à catequese das criancinhas para a primeira comunhão, lembramos o decreto da Congregação dos Sacramentos *Quam Singulari*, aprovado pelo Papa Pio X. Entre outras, diz o documento: Para a primeira confissão e primeira comunhão (das crianças que entram na idade da discrição) não é necessário um conhecimento pleno e perfeito da doutrina cristã. O menino irá depois aprendendo gradualmente o catecismo, segundo a sua inteligência. O conhecimento da religião que se requer no menino para a primeira comunhão é que, segundo o seu desenvolvimento, perceba os mistérios da fé necessários por necessidade de meio e distinga o pão eucarístico do pão comum e corpóreo, de sorte que se aproxime da eucaristia com a devoção própria da sua idade.

Frei Carmelo Surian, OFM

PRIMEIRO CATECISMO DA DOUTRINA CRISTÃ

ORAÇÕES

O SINAL DA CRUZ

Pelo sinal * da santa cruz, livrai-nos, Deus, * Nosso Senhor, dos nossos * inimigos. Em nome do Pai * e do Filho * e do Espírito Santo. Amém.

GLÓRIA-AO-PAI

Glória ao Pai, ao Filho e ao Espírito Santo. Como era no princípio, agora e sempre. Amém.

CREDO

Creio em Deus Pai todo-poderoso, criador do céu e da terra; e em Jesus Cristo, seu único Filho, nosso Senhor; que foi concebido pelo poder do Espírito Santo; nasceu da Virgem Maria, padeceu sob Pôncio Pilatos, foi crucificado, morto e sepultado; desceu à mansão dos mortos; ressuscitou ao terceiro dia; subiu aos céus, está sentado à direita de Deus Pai todo-poderoso, donde há de vir a julgar os vivos e os mortos; creio no Espírito Santo, na santa Igreja católica, na comunhão dos santos, na remissão dos pecados, na ressurreição da carne, na vida eterna. Amém.

PAI-NOSSO

Pai nosso, que estais nos céus, santificado seja o vosso nome; venha a nós o vosso reino; seja feita a vossa vontade, assim na terra como no céu. O pão nosso de cada dia nos dai hoje; perdoai-nos as nossas ofensas, assim como nós perdoamos a quem nos tem ofendido. E não nos deixeis cair em tentação. Mas livrai-nos do mal. Amém.

AVE-MARIA

Ave, Maria, cheia de graça, o Senhor é convosco; bendita sois vós entre as mulheres, e bendito é o fruto do vosso ventre, Jesus. Santa Maria, Mãe de Deus, rogai por nós, pecadores, agora e na hora da nossa morte. Amém.

SALVE-RAINHA

Salve, Rainha, Mãe de misericórdia, vida, doçura, esperança nossa, salve! A vós bradamos, os degredados filhos de Eva. A vós suspiramos, gemendo e chorando neste vale de lágrimas. Eia, pois, advogada nossa, esses vossos olhos misericordiosos a nós, volvei, e depois deste desterro nos mostrai a Jesus, bendito fruto do vosso ventre, ó clemente, ó piedosa, ó doce sempre Virgem Maria.

V. Rogai por nós, Santa Mãe de Deus.

R. Para que sejamos dignos das promessas de Cristo.

ATOS DE FÉ, ESPERANÇA, CARIDADE
E CONTRIÇÃO

ATO DE FÉ

Eu creio firmemente que há um só Deus, em três pessoas realmente distintas, Pai, Filho e Espírito Santo; que dá o céu aos bons e o inferno aos maus para sempre. Creio que o Filho de Deus se fez homem, padeceu e morreu na cruz para nos salvar, e que ao terceiro dia ressuscitou. Creio tudo o mais que crê e ensina a Santa Igreja Católica Apostólica porque Deus, verdade infalível, lho revelou. E nesta crença quero viver e morrer.

ATO DE ESPERANÇA

Eu espero, meu Deus, com firme confiança, que pelos merecimentos de meu Senhor Jesus Cristo me dareis a salvação eterna e as graças necessárias para consegui-la, porque vós, sumamente bom e poderoso, o haveis prometido a quem observar fielmente os vossos mandamentos, como eu proponho fazer com vosso auxílio.

ATO DE CARIDADE

Eu vos amo, meu Deus, de todo o meu coração e sobre todas as coisas, porque sois infinitamente bom e amável, e antes quero perder tudo do que vos ofender. Por amor de vós amo ao meu próximo como a mim mesmo.

ATO DE CONTRIÇÃO

Senhor meu Jesus Cristo, Deus e homem verdadeiro, Criador e Redentor meu, por serdes vós quem sois sumamente bom e digno de ser amado sobre todas as coisas; e porque vos amo e estimo, pesa-me, Senhor, de todo o meu coração, de vos ter ofendido; pesa-me também por ter perdido o céu e merecido o inferno; e proponho firmemente, ajudado com os auxílios de vossa divina graça, emendar-me e nunca mais vos tornar a ofender. Espero alcançar o perdão de minhas culpas pela vossa infinita misericórdia. Amém.

BREVE ATO DE CONTRIÇÃO

Para o confessionário

Para crianças: Meu Deus, tenho muita pena de ter pecado, pois mereci ser castigado e ofendi a vós, meu Pai e meu Salvador. Perdoai-me, Senhor. Não quero mais pecar. Amém.

Para adultos: Meu Jesus, crucificado por minha culpa, estou arrependido de ter feito pecado, pois ofendi a vós que sois tão bom, e mereci ser castigado neste mundo e no outro. Mas perdoai-me, Senhor. Não quero mais pecar. Amém.

FOI CONCEBIDO DO ESPÍRITO SANTO

Ilust. de Jeová

PAI, PERDOAI-LHES

1

O SINAL DA SALVAÇÃO

(A: Lc 1,26; 23,34. B: 159; 260.)

Cf. explicação à p. 5

1. **És cristão?**

   Sim. Sou cristão pela graça de Deus.

2. **Quem é verdadeiro cristão?**

   É verdadeiro cristão quem é batizado, crê em Jesus Cristo e vive conforme os seus ensinamentos.

* 3. Como é que o homem se faz cristão?

O homem se faz cristão pelo batismo.

4. Qual é o sinal do cristão?

O sinal do cristão é a cruz.

5. Faze o sinal da cruz.

Em nome do Pai * e do Filho * e do Espírito Santo. Amém.

6. É coisa útil fazer frequentemente o sinal da cruz?

Sim. Fazer frequentemente o sinal da cruz é coisa muito útil.

7. Por que o sinal da cruz é o sinal do cristão?

O sinal da cruz é o sinal do cristão, porque em Jesus crucificado encontramos os principais ensinamentos da nossa fé.

* 8. Quais são os principais ensinamentos da nossa fé?

Os principais ensinamentos da nossa fé são:

1) Unidade e Trindade de Deus; 2) Encarnação, Paixão e Morte de Nosso Senhor Jesus Cristo.

* 9. Quando devemos fazer o sinal da cruz?

Devemos fazer o sinal da cruz pela manhã, ao despertar; à noite, ao deitar; antes e depois das refeições; no princípio e no fim de qualquer trabalho; antes de começar a oração; nas tentações e nos perigos.

———————

NA LITURGIA

Prestar atenção, para ver quantas vezes o sacerdote faz o sinal da cruz na Santa Missa e dando os sacramentos.

ORAÇÃO

Meu Salvador Jesus Cristo, gravai no meu coração a lembrança da vossa cruz, onde morrestes por mim, para que eu nunca deixe de agradecer o vosso grande amor. Amém.

MISSÃO A CUMPRIR

Convidar a todos os de casa para fazerem o sinal da cruz na hora das refeições.

DEVO GUARDAR PARA A VIDA

Farei sempre com muito respeito o sinal da cruz.

em Nome do Pai e do Filho e do Espírito Santo, Amém!

Quando devemos fazer o sinal da cruz.

2

JESUS NOS REVELA O PAI

(A: Gn 1; Mt 6,25. B: 13; 190.)

* 10. **Quem é Deus?**

    Deus é um espírito puro, eterno, criador do céu e da terra.

11. **Por que Deus é eterno?**

    Deus é eterno, porque sempre existiu, não teve princípio e não terá fim.

* 12. **Por que Deus é criador?**

Deus é criador porque só Ele criou e pode criar todas as coisas, e por ninguém foi criado.

13. **Onde está Deus?**

Deus está no céu, na terra e em toda parte.

* 14. **Deus vê todas as coisas?**

Sim. Deus vê todas as coisas presentes, passadas e futuras e até nossos pensamentos.

15. **Por que Deus vê todas as coisas?**

Deus vê todas as coisas porque é infinitamente sábio e está sempre presente em toda parte.

16. **Como é Deus?**

Deus é espírito puríssimo. Não tem corpo como nós.

17. **Como criou Deus o mundo?**

Deus criou o mundo com um simples ato de sua vontade, e pode criar muitos outros mundos, porque é todo-poderoso.

18. **De que fez Deus o mundo?**

Deus fez o mundo do nada.

NA LITURGIA

Na Santa Missa, recitando o *Glória,* o sacerdote louva a Deus, porque Ele nos criou, nos salvou e nos santifica.

ORAÇÃO

Meu Deus e Pai do céu. Eu vos agradeço todas as belezas e alegrias da criação. Prometo respeitar tudo o que criastes e nunca usar as criaturas para o pecado. Amém.

MISSÃO A CUMPRIR

Conversar com os amigos sobre as belezas que Deus colocou e conserva no mundo.

DEVO GUARDAR PARA A VIDA

Andarei sempre na presença amorosa de Deus, que me vê e conhece todos os meus pensamentos.

1 – Criança-menino-jovem-homem-velho:
Deus não teve princípio, não terá fim, é ETERNO

2 – Várias flores: qual a mais bela?
Deus que as criou é A BELEZA, A BONDADE, A PERFEIÇÃO.

3 – Brasília-Goiás-Brasil-América-Mundo:
Deus é sem limites, é IMENSO.

O PAI CELESTE FALOU

O ESPÍRITO SANTO SOB A FORMA DE POMBA

3

NO BATISMO DE JESUS SE REVELA A SANTÍSSIMA TRINDADE

(A: Mt 3,13. B: 172.)

* 19. **Há um só Deus?**

    Sim. Há um só Deus e não pode haver mais de um.

* 20. **Quantas pessoas há em Deus?**

    Em Deus há três pessoas iguais e realmente distintas, que são o Pai e o Filho e o Espírito Santo.

* 21. Como se chama este mistério de um Deus em três pessoas iguais e realmente distintas: o Pai e o Filho e o Espírito Santo?

Chama-se o mistério da Santíssima Trindade.

22. Qual é a primeira pessoa da SS. Trindade?

A primeira pessoa da Santíssima Trindade é o Pai.

23. Qual é a segunda pessoa da SS. Trindade?

A segunda pessoa da Santíssima Trindade é o Filho.

24. Qual é a terceira pessoa da SS. Trindade?

A terceira pessoa da Santíssima Trindade é o Espírito Santo.

25. O Pai é Deus?

Sim. O Pai é Deus.

26. O Filho é Deus?

Sim. O Filho é Deus.

27. O Espírito Santo é Deus?

Sim. O Espírito Santo é Deus.

28. Como são as três pessoas da Santíssima Trindade?

As três pessoas da Santíssima Trindade são todas iguais, porque todas têm a mesma natureza divina, o mesmo poder e a mesma sabedoria.

29. As três pessoas divinas são iguais também quanto ao tempo?

Sim. As três pessoas divinas são iguais também quanto ao tempo porque são igualmente eternas: nunca começaram a existir e nunca deixarão de existir.

30. **Em que consiste, pois, o mistério da Santíssima Trindade?**

O mistério da Santíssima Trindade consiste em que há UM só Deus em TRÊS pessoas distintas, o Pai e o Filho e o Espírito Santo.

NA LITURGIA

Todas as ações de nossa vida devem ser dirigidas para a glória da Santíssima Trindade. Por isso, na Santa Missa, o sacerdote se refere pelo menos dezoito vezes à Santíssima Trindade.

ORAÇÃO

Ó Santíssima Trindade, que pela vossa graça habitais em minha alma, eu vos adoro; santificai-me, fazei que eu vos ame cada vez mais.

MISSÃO A CUMPRIR

Lembrar, com delicadeza, aos amigos e parentes, que a Santíssima Trindade quer morar no coração de todos os bons cristãos que não pecam.

DEVO GUARDAR PARA A VIDA

Sou um templo vivo de Deus. A Santíssima Trindade mora em mim.

Santo Agostinho e o anjo.

O DEMÔNIO LEVA O HOMEM AO PECADO

DEUS BONDOSO PROMETE O SALVADOR

4

JESUS PROMETIDO COMO SALVADOR
(A: Gn 2. B: 14.)

1) DOS ANJOS

* 31. **Que são os anjos?**
    Os anjos são espíritos puros, que Deus criou para sua glória e seu serviço.

32. **Como criou Deus os anjos?**
    Deus criou os anjos inocentes e santos.

33. **Ficaram os anjos sempre assim?**

Muitos anjos ficaram sempre bons e amigos de Deus, mas outros se revoltaram contra Deus.

34. Como se chamam os anjos amigos de Deus?
Os anjos amigos de Deus chamam-se anjos bons ou simplesmente anjos.

35. Como se chamam os anjos que se revoltaram contra Deus?
Os anjos que se revoltaram contra Deus chamam-se anjos maus ou demônios.

2) DO HOMEM

* 36. Que é o homem?

O homem é uma criatura racional, composta de alma e corpo.

* 37. Como criou Deus o primeiro homem?
Deus criou o primeiro homem à sua imagem e semelhança.

38. Como se chamou o primeiro homem?
O primeiro homem chamou-se Adão.

39. Como se chamou a primeira mulher?
A primeira mulher chamou-se Eva.

40. São todos os homens filhos de Adão e Eva?
Sim. Todos os homens são filhos de Adão e Eva, e é por isso que somos todos irmãos.

* 41. Para que foi criado o homem?
O homem foi criado para conhecer, amar e servir a Deus neste mundo e assim merecer a vida com o próprio Deus para sempre no céu.

42. Como criou Deus a Adão e Eva?

Deus criou a Adão e Eva santos e felizes.

43. Adão e Eva ficaram sempre assim?
Não. Adão e Eva não ficaram sempre santos e felizes porque pecaram.

* 44. Qual foi o pecado de Adão e Eva?
O pecado de Adão e Eva foi o pecado de soberba e desobediência a Deus.

45. O pecado de nossos primeiros pais é somente deles?
Não. O pecado de nossos primeiros pais não é somente deles, mas de todos os seus filhos.

46. Como se chama esse pecado?
Esse pecado chama-se pecado original.

* 47. Todos os homens nascem com o pecado original?
Sim. Fora a Virgem Maria, todos os homens nascem com o pecado original.

NA LITURGIA

Na Santa Missa, o sacerdote se refere várias vezes aos anjos e nos convida a cantar com eles o hino celeste "Santo, Santo, Santo". Diz também que celebra a missa principalmente em memória da Virgem Maria, Mãe do Salvador e de todos os filhos de Adão e Eva (cânon).

ORAÇÃO

Santo Anjo (p. 104) – Salve-Rainha (p. 9).

MISSÃO A CUMPRIR

Rezar, sacrificar-se e trabalhar para ajudar os missionários a batizar o maior número de pagãos, que ainda não vivem na família de Deus.

DEVO GUARDAR PARA A VIDA
Somos todos irmãos na família de Deus.

Este rapaz está decidido a seguir o caminho do bem.

JESUS OCUPAVA-SE DAS COISAS DO PAI

VOLTOU OBEDIENTE A JOSÉ E MARIA

5

JESUS VEM NOS ENSINAR A VIVER COMO FILHOS DE DEUS

(A: Lc 2. B: 169.)

* 48. **Quem é Jesus Cristo?**
   Jesus Cristo é o Filho de Deus feito homem.
49. **Que se entende por Filho de Deus?**
   Por Filho de Deus se entende a segunda pessoa da Santíssima Trindade.
50. **Quem é o pai de Jesus Cristo?**

O Pai de Jesus Cristo é somente o Pai Eterno, isto é, a primeira pessoa da Santíssima Trindade.

51. Não teve Jesus Cristo também um pai na terra?

Não. Jesus Cristo não teve pai na terra, mas somente mãe, que é a Virgem Maria.

52. Como se chama este mistério?

Chama-se o mistério da encarnação.

* 53. Quando o Filho de Deus se fez homem deixou de ser Deus?

Não. Quando o Filho de Deus se fez homem não deixou de ser Deus, mas continuou verdadeiro Deus e começou a ser também verdadeiro homem.

* 54. Para que se fez homem o Filho de Deus?

O Filho de Deus se fez homem para nos salvar do pecado e nos fazer de novo filhos da família de Deus e herdeiros do céu.

55. Somos filhos de Deus como Jesus é Filho de Deus?

Não. Jesus é o verdadeiro Filho de Deus. Nós, cristãos, somos filhos adotivos de Deus desde o nosso batismo.

56. Onde nasceu Jesus Cristo?

Jesus Cristo nasceu em Belém e foi colocado num presépio.

57. A Santíssima Virgem pode chamar-se Mãe de Deus?

A Santíssima Virgem pode e deve chamar-se Mãe de Deus, porque é Mãe de Jesus Cristo, que é Deus.

58. **Quem era São José?**

São José era esposo de Maria Santíssima e pai adotivo do menino Jesus.

NA LITURGIA

Em todas as missas, ao Evangelho, o sacerdote lê um trecho dos ensinamentos de Jesus.

ORAÇÃO

Ave-Maria (p. 9). Jesus, Maria, José, esclarecei-nos, socorrei-nos, salvai-nos.

MISSÃO A CUMPRIR

Procurar, com os parentes e amigos, o trecho dos ensinamentos de Jesus que o sacerdote vai ler na missa do próximo domingo.

DEVO GUARDAR PARA A VIDA

Antes de fazer alguma coisa, devo sempre perguntar: Como Jesus faria isso? Procurarei imitá-lo.

O lar de Nazaré, modelo das famílias cristãs.

CRISTO RESSUSCITOU

NÓS TAMBÉM RESSUSCITAREMOS

6

JESUS NOS AMA ATÉ A MORTE

(A: Jo 18. B: 268.)

* 59. **Qual o castigo que os homens deviam sofrer por causa do pecado original?**
   Por causa do pecado original todos os homens deviam sofrer o castigo da morte e permanecer para sempre longe de Deus.

* 60. **Por que dizemos que Jesus nos salvou?**
   Dizemos que Jesus nos salvou porque, por nosso amor, Ele quis sofrer e morrer na cruz, vencer a morte pela ressurreição e assim nos abrir o céu.

61. **Jesus Cristo sofreu e morreu como Deus ou como homem?**

Jesus Cristo sofreu e morreu como homem, porque como Deus não podia sofrer nem morrer.

* 62. **Como se chama o mistério da paixão e morte de Jesus Cristo?**

Chama-se o mistério da redenção.

63. **Que se fez do corpo de Jesus Cristo depois de sua morte?**

Depois da morte de Jesus Cristo, seu corpo foi sepultado.

64. **Quantos dias esteve morto Jesus Cristo?**

Jesus Cristo esteve morto três dias incompletos, a saber: parte de sexta-feira, todo o dia de sábado e parte do domingo.

65. **Que fez Jesus Cristo depois dos três dias de sua morte?**

Jesus Cristo, depois dos três dias de sua morte, ressuscitou glorioso e triunfante, para nunca mais morrer.

66. **Quantos dias esteve Jesus Cristo na terra depois de sua ressurreição?**

Depois de sua ressurreição, Jesus Cristo esteve na terra quarenta dias, ensinando os apóstolos.

67. **Depois dos quarenta dias, para onde foi Jesus Cristo?**

Depois dos quarenta dias, Jesus Cristo subiu aos céus, para nos preparar um lugar.

* **68. Onde está Jesus Cristo?**

Jesus Cristo, como Deus, está em todo lugar; como homem-Deus, está no céu e no Santíssimo Sacramento do Altar.

NA LITURGIA

Na Santa Missa, o sacerdote reza ao Pai celeste, oferecendo a hóstia e o vinho consagrados, "recordando a bem-aventurada paixão de Jesus Cristo, sua ressurreição e gloriosa ascensão ao céu".

ORAÇÃO

A Jesus Crucificado (p. 111). Meu Jesus crucificado, pelos méritos de vossa paixão, concedei-me vida pura, morte santa e a glória da ressurreição eterna. Amém.

MISSÃO A CUMPRIR

Trabalhar para introduzir o crucifixo nos lares.

DEVO GUARDAR PARA A VIDA

Nos sofrimentos da vida, olharei sereno para o Salvador na cruz, e sofrerei com Ele pelos pecadores.

Jesus crucificado, conforto dos que sofrem.

REZAR SEMPRE – EM NOME DE JESUS

COM CONFIANÇA, HUMILDADE, PERSEVERANÇA

7

JESUS NOS ENSINA A REZAR

(A: Lc 11. B: 215.)

* 69. **Que é a oração?**

A oração é uma elevação da alma a Deus, para adorá-lo, agradecer e pedir-lhe as graças de que necessitamos.

* 70. **Por que devemos rezar?**

Devemos rezar:

1) porque Jesus mandou e nos deu o exemplo;

2) porque Deus é nosso Pai, criador e conservador; dele depende nossa vida na terra e nossa felicidade no céu.

71. **Qual é a melhor de todas as orações?**

A melhor de todas as orações para rezar de cor é o Pai-nosso.

* 72. **Por que o Pai-nosso é a melhor das orações?**

O Pai-nosso é a melhor das orações porque nos foi ensinado pelo próprio Jesus.

* 73. **Dize o Pai-nosso.**

Pai nosso, que estais no céu, santificado seja o vosso nome, venha a nós o vosso reino; seja feita a vossa vontade assim na terra como no céu. O pão nosso de cada dia nos dai hoje; perdoai-nos as nossas ofensas, assim como nós perdoamos a quem nos tem ofendido; e não nos deixeis cair em tentação. Mas livrai-nos do mal. Amém.

74. **Que outra oração costumamos dizer depois do Pai-nosso?**

Depois do Pai-nosso costumamos dizer a Ave-Maria, para pedir a proteção da Santíssima Virgem.

75. **Por que o católico reza a Ave-Maria?**

O católico reza a Ave-Maria para lembrar o mistério da encarnação, repetindo as belíssimas saudações do anjo e de Santa Isabel a Nossa Senhora.

* 76. **Dize a Ave-Maria.**

Ave, Maria, cheia de graça, o Senhor é convosco, bendita sois vós entre as mulheres e bendito é o fruto do vosso ventre, Jesus. Santa Maria, Mãe de Deus, rogai por nós, pecadores, agora e na hora da nossa morte. Amém.

* 77. **Como deve ser nossa oração?**

    Nossa oração deve ser feita com respeito, humildade, confiança e perseverança.

NA LITURGIA
A melhor oração é a Santa Missa, porque nela o próprio Jesus recebe a nossa adoração, o nosso arrependimento, a nossa gratidão e súplica, para apresentá-los em nome dele ao Pai celeste.

ORAÇÃO
Senhor, ensinai-me a rezar e rezar sempre.

MISSÃO A CUMPRIR
Esforçar-se para fazer a família rezar unida, pelo menos à noite.

DEVO GUARDAR PARA A VIDA
O Pai celeste está sempre à espera da minha oração.

Jesus prometeu morar com a família que reza unida.

AMAR A DEUS SOBRE TODAS AS COISAS

AMAR O PRÓXIMO COMO A SI MESMO
Esta ilustração se refere à pergunta 80

8

JESUS NOS MOSTRA A VONTADE DO PAI

(A: Ex 19–20; Mt 5,17. B: 62; 186.)

1º) DOS MANDAMENTOS DE DEUS

* 78. **Para o cristão salvar-se basta somente crer e orar?**

    Não. É necessário também observar os mandamentos de Deus e os da Igreja.

* 79. **Quantos são os mandamentos da lei de Deus?**

    Os mandamentos da lei de Deus são dez:

    1º – Amar a Deus sobre todas as coisas.

2º – Não tomar seu santo nome em vão.

3º – Guardar domingos e festas.

4º – Honrar pai e mãe.

5º – Não matar.

6º – Não pecar contra a castidade.

7º – Não furtar.

8º – Não levantar falso testemunho.

9º – Não desejar a mulher do próximo.

10º – Não cobiçar as coisas alheias.

80. Quem deu estes mandamentos?

Deu estes mandamentos o próprio Deus na lei antiga, gravados em duas pedras, e Jesus Cristo os confirmou na nova lei.

81. Podemos nós observar estes mandamentos?

Sim. Podemos observar estes mandamentos com a graça de Deus.

* 82. Somos obrigados a observar os mandamentos da Lei de Deus?

Sim. Somos obrigados a observar os mandamentos da Lei de Deus, pois devemos respeitar a ordem que o Pai Celeste quis dar ao mundo. Basta pecar gravemente contra um só deles para merecermos o inferno.

2º) DOS MANDAMENTOS DA IGREJA

* 83. Quantos são os mandamentos da Igreja?

Os principais mandamentos da Igreja são cinco:

1º – Participar ativa e piedosamente da missa
    nos domingos e festas de guarda.

2º – Confessar-se ao menos uma vez cada ano.

3º – Comungar ao menos uma vez pela Páscoa da Ressurreição.

4º – Jejuar e abster-se de carne quando manda a Santa Madre Igreja.

5º – Pagar dízimos segundo o costume.

84. Por que a Igreja nos dá mandamentos?

A Igreja nos dá mandamentos para nos ajudar a viver unidos como filhos de Deus e assim mais facilmente alcançarmos a vida eterna.

NA LITURGIA
Aos domingos e dias de guarda, pela Santa Missa e pregação, a Igreja nos ensina e ajuda a guardar os mandamentos com filial amor.

ORAÇÃO
Senhor, os vossos mandamentos serão a alegria do meu viver!

MISSÃO A CUMPRIR
Convidar parentes e amigos para a missa dominical.

DEVO GUARDAR PARA A VIDA
Os mandamentos protegem a verdadeira felicidade.

Esta família ama a Nosso Senhor.

O PECADO NOS SEPARA DO PAI CELESTE

O PECADOR DEIXA DE SER FILHO DE DEUS

Nota: O catequista não narre a volta do filho pródigo.
Retomará o assunto ao tratar da confissão.

9

JESUS NOS FALA DA MALDADE DO PECADO

(A: Lc 15,11. B: 220.)

* 85. **Que é o pecado?**
   O pecado é uma desobediência voluntária à lei de Deus.
* 86. **Todos os pecados são iguais?**
   Não. Há pecados mortais e veniais.
* 87. **Que é o pecado mortal?**
   O pecado mortal é uma desobediência grave, feita à Lei de Deus, com pleno conhecimento e pleno consentimento da vontade.

* 88. Por que se chama mortal este pecado?

Chama-se mortal este pecado, porque nos separa de Deus e nos torna merecedores da desgraça eterna no inferno.

89. Que é o pecado venial?

O pecado venial é uma desobediência leve feita à Lei de Deus.

90. Por que se chama venial este pecado?

Chama-se venial este pecado porque sua culpa é leve, e Deus a perdoa mais facilmente.

* 91. De quantos modos se pode pecar?

Pode-se pecar de quatro modos: por pensamentos, palavras, obras e omissões.

92. Como se peca por pensamentos, palavras e obras?

Peca-se por pensamentos, palavras e obras quando, de propósito, se pensa, deseja, se diz ou se pratica alguma coisa proibida pela lei de Deus.

93. Como se peca por omissão?

Peca-se por omissão quando faltamos de propósito ao próprio dever ou às obrigações do próprio estado.

* 94. Quem perdeu a graça de Deus pelo pecado mortal poderá de novo consegui-la?

Sim. Quem perdeu a graça de Deus pelo pecado mortal poderá consegui-la de novo pelo sacramento da confissão ou por um ato de sincero arrependimento por ter ofendido a Deus, com vontade firme de se confessar logo que puder.

95. **Quais são os melhores meios de alcançar o perdão para os pecados veniais?**

Os melhores meios de alcançar o perdão para os pecados veniais são, além da confissão e do ato de contrição: a assistência piedosa à Santa Missa; uma boa comunhão.

NA LITURGIA
Na Santa Missa, Jesus sempre de novo se oferece ao Pai celeste pelos nossos pecados. Por isso, antes da comunhão, o sacerdote apresenta a hóstia consagrada, que é Jesus, e diz: "Eis o Cordeiro de Deus que tira os pecados do mundo".

ORAÇÃO
Cordeiro de Deus que tirais os pecados do mundo, tende piedade de nós, perdoai nossos pecados.

MISSÃO A CUMPRIR
Evitar as companhias, as diversões e tudo o que possa desagradar ao Pai Celeste, presente em nossa alma.

DEVO GUARDAR PARA A VIDA
Nunca perderei o respeito à Santíssima Trindade que habita em minha alma.

Pecados por pensamentos, obras, palavras e omissões.

TODO HOMEM DEVE MORRER

SEREMOS JULGADOS

10

JESUS NOS FALA DA OUTRA VIDA

(A: Lc 16,19. B: 222.)

96. **Que se entende por novíssimos do homem?**
   Por novíssimos do homem se entendem as últimas coisas que nos hão de acontecer.

* 97. **Quantos e quais são os novíssimos do homem?**
   Os novíssimos do homem são quatro:
   1º – Morte   3º – Inferno
   2º – Juízo   4º – Paraíso

* 98. Quantos juízos há?

Há dois juízos: o particular, depois da morte, e o universal, no fim do mundo.

* 99. Depois do juízo particular para onde irá a alma?

Depois do juízo particular a alma irá ou para o céu, ou para o purgatório, ou para o inferno.

NA LITURGIA

Em todas as santas missas, antes da elevação, o sacerdote pede que sejamos preservados do inferno; depois da elevação, reza pelas almas que estão no purgatório. Devemos rezar com ele, lembrando também nossos falecidos, que podem estar no purgatório.

ORAÇÃO

Coração agonizante de Jesus, compadecei-vos dos moribundos.

MISSÃO A CUMPRIR

Visitar doentes, se possível em hospitais. Falar-lhes da bondade de Deus e da promessa do céu. Oferecer-se para chamar o padre para ouvi-los em confissão e dar-lhes a comunhão.

DEVO GUARDAR PARA A VIDA

Jamais trocarei as alegrias eternas do céu pelas alegrias falsas do pecado!

Morte tranquila, com as bênçãos de Deus.

A GRAÇA NOS FAZ FILHOS DE DEUS

OS SACRAMENTOS NOS DÃO A GRAÇA

11

JESUS NOS DÁ OS SACRAMENTOS
(A: Mt 22. B: 235.)

100. **Que significa sacramento em geral?**
 Sacramento em geral significa um sinal sensível de uma coisa sagrada, que permanece oculta.

101. **A Igreja tem sacramentos?**
 Sim. A Igreja tem os sete sacramentos que Jesus nos deu.

* 102. **Quais são os sete sacramentos que Jesus nos deu?**

Os sete sacramentos que Jesus nos deu são:

1º – Batismo

2º – Crisma

3º – Eucaristia

4º – Confissão

5º – Unção dos enfermos

6º – Ordem

7º – Matrimônio

103. Qual o sinal sensível do sacramento do batismo?

O sinal sensível do batismo é a água. Acompanhada das sagradas palavras, lava a fronte do pecador, como sinal da purificação de sua alma.

104. Qual é a coisa sagrada dos sacramentos da Igreja?

A coisa sagrada dos sacramentos da Igreja é a graça que nos santifica.

105. A que comparou Jesus a graça?

Jesus comparou a graça a uma veste nupcial que nos torna agradável ao Pai celeste e sem a qual não podemos viver a vida de Deus na família de Deus.

* 106. Como é que Jesus nos comunica a graça?

Jesus nos comunica a graça pelos sete sacramentos que nos deixou.

* 107. Que se entende, pois, por sacramento da Igreja?

Entende-se por sacramento da Igreja um sinal sensível e eficaz da graça, instituído por Nosso Senhor Jesus Cristo, para nos santificar.

* 108. **Quais são os sacramentos que nos comunicam as graças mais necessárias para a salvação?**
   Os sacramentos que nos comunicam as graças mais necessárias para a salvação são dois: o batismo, para todos, e a confissão, para os que perderam a graça do batismo, cometendo pecado mortal.
* 109. **Quais são os sacramentos que se recebem uma só vez?**
   Os sacramentos que se recebem uma só vez são três: o batismo, a crisma e a ordem.

NA LITURGIA

A Santa Missa é o banquete celestial, em que Jesus se oferece a nós no Sacramento da Eucaristia, para alimentar a vida de filhos de Deus que recebemos no batismo.

ORAÇÃO

Senhor Jesus, nós vos agradecemos os sacramentos. Queremos ter por todos muito respeito e receber-vos muitas vezes na eucaristia, principalmente quando participamos da Santa Missa, para vivermos sempre na graça de Deus. Amém.

MISSÃO A CUMPRIR

Convidar para os sacramentos aqueles que vivem sem a graça de Deus em seus corações.

DEVO GUARDAR PARA A VIDA

Não viverei um dia sem a graça de Deus na alma.

Foi expulso porque não tinha a veste nupcial.

FILHOS DE DEUS E HERDEIROS DO CÉU

PENSAR – FALAR – AGIR COMO FILHOS DE DEUS

12

JESUS NOS DÁ SUA VIDA, NOS FAZ SEUS IRMÃOS
(A: Mt 28,16. B: 272.)

110. Como é que Jesus nos dá sua vida e nos faz seus irmãos?

    Jesus nos dá sua vida e nos faz seus irmãos pelo batismo.

* 111. Que é o batismo?

    O batismo é o sacramento que Nosso Senhor Jesus Cristo instituiu para nos tirar o pecado original, darnos a vida da graça, e fazer-nos cristãos, filhos de Deus e da Igreja.

112. Quem não é batizado pode receber outro sacramento?

Não. Quem não é batizado não pode receber nenhum outro sacramento, porque ainda não é filho de Deus e da Igreja.

* 113. Em caso de necessidade, qualquer pessoa pode batizar?

Em caso de necessidade, qualquer pessoa pode batizar, mesmo que não seja católica.

114. Que intenção deve ter quem administra o batismo?

Quem administra o batismo deve ter a intenção de fazer o que a Igreja faz quando administra este sacramento.

* 115. Como se administra o batismo?

Administra-se o batismo derramando água natural na cabeça da pessoa que se batiza e pronunciando ao mesmo tempo as palavras: Eu te batizo em nome do Pai e do Filho e do Espírito Santo.

* 116. Qual o principal dever dos padrinhos?

O principal dever dos padrinhos é zelar para que o afilhado seja educado na religião católica e viva sempre como bom cristão.

117. Por que não podem ser padrinhos pessoas não católicas ou de vida irregular?

Pessoas não católicas ou de vida irregular não podem ser padrinhos porque não estão em condições de responder pela fé e vida católica dos afilhados.

NA LITURGIA

Todos os domingos e dias de guarda, na Santa Missa, com entusiasmo e gratidão, vou rezar o *Credo* com o sacerdote, para renovar as promessas do meu batismo.

ORAÇÃO

Envolvendo-nos com uma veste branca (graça), assim orou o sacerdote sobre nós, no dia do nosso batismo: "Vós nascestes de novo e vos revestistes do Cristo, por isso trazeis esta veste branca. Que vossos pais e amigos vos ajudem por sua palavra e exemplo a conservar a dignidade dos filhos de Deus até à vida eterna".

MISSÃO A CUMPRIR

Santificar o dia do meu batismo todos os anos, principalmente pela confissão e comunhão. Lembrar meus parentes e amigos para fazerem o mesmo.

DEVO GUARDAR PARA A VIDA

Sou filho adotivo de Deus, irmão de Jesus Cristo e herdeiro dos céus.

Maneira correta de batizar. O padrinho coloca a mão direita sobre o peito do afilhado.

O ESPÍRITO SANTO HABITA EM MIM

LUTAREI POR DEUS E PELA IGREJA

13

JESUS NOS FAZ SEUS SOLDADOS

(A: At 8,14. B: 282.)

118. **Como é que Jesus nos faz seus soldados?**

Jesus nos faz seus soldados pela crisma.

* 119. **Que é a crisma?**

A crisma é o sacramento que nos dá o Espírito Santo, imprime na alma o caráter de soldado de Jesus Cristo e faz-nos perfeitos cristãos.

* 120. Por que a crisma se chama também confirmação?

A crisma se chama também confirmação, porque confirma em nós a vida divina recebida no batismo e nos dá maior resistência aos assaltos da tentação.

* 121. Quais os principais deveres de um crismado?

Os principais deveres de um crismado são:

1º) Guardar fielmente os mandamentos de Deus e da Igreja.

2º) Defender corajosamente a vida divina em seu coração dos perigos do mundo, do demônio e das más inclinações.

3º) Amar a Santa Igreja e trabalhar por ela, sem respeito humano, como bom apóstolo.

122. Como devem preparar-se os que recebem a crisma em idade adulta?

Os que recebem a crisma em idade adulta devem preparar-se estudando bem a doutrina católica e fazendo uma boa confissão.

NA LITURGIA

Marcando-nos com a unção da cruz na testa, a crisma nos torna propriedade sagrada do Senhor. Por isso, em todas as santas missas de que participamos, juntamente com o ofertório da hóstia e do vinho, devemos renovar a oferta de nós mesmos ao serviço do Senhor e da sua Santa Igreja.

ORAÇÃO

Ó Espírito Santo, vinde habitar em meu coração e tornai-me um templo vivo, onde brilhe a vossa glória. Amém.

MISSÃO A CUMPRIR

Indagar entre parentes e amigos sobre quem ainda não foi crismado e procurar levá-los à crisma.

DEVO GUARDAR PARA A VIDA

Sou templo vivo do Espírito Santo.

Ele foi crismado. Com a força do Espírito Santo, vence as tentações e não deixa de cumprir seus deveres de católico.

14

JESUS VIVE CONOSCO

(A: Lc 22,7. B: 244.)

123. Como é que Jesus vive conosco?

Jesus vive conosco pela Eucaristia.

* 124. Que é a Eucaristia?

A eucaristia é o sacramento do verdadeiro corpo e do verdadeiro sangue de Jesus Cristo, realmente presente debaixo das aparências de pão e de vinho.

* 125. Quando Jesus se torna presente debaixo das aparências do pão e do vinho?

Jesus se torna presente debaixo das aparências do pão e do vinho quando o sacerdote pronuncia as palavras da consagração, na missa.

126. Quem deu tanto poder a essas palavras?

Quem deu tanto poder a essas palavras foi Jesus Cristo, quando as pronunciou na última ceia, e mandou os apóstolos e sacerdotes fazerem o mesmo.

127. Então, depois da consagração da hóstia e do vinho, nada fica de pão e de vinho?

Depois da consagração da hóstia e do vinho, nada fica de pão nem de vinho a não ser as aparências.

128. Debaixo das aparências do pão só há o corpo de Jesus Cristo, e debaixo das aparências do vinho só há o seu sangue?

Tanto debaixo das aparências do pão como debaixo das aparências do vinho está Jesus Cristo todo inteiro, como verdadeiro Deus e verdadeiro homem.

129. Quando se parte a hóstia, parte-se também o corpo de Jesus Cristo?

Não. Quando se parte a hóstia, não se parte o corpo de Jesus Cristo; partem-se somente as aparências do pão.

130. Em que parte da hóstia está o corpo de Jesus Cristo?

O corpo de Jesus está todo inteiro em cada uma das partes em que se divide a hóstia.

* 131. Por que Jesus quis ficar conosco na Eucaristia?

Jesus quis ficar conosco na Eucaristia:

1º) para alimentar a vida de filhos de Deus que nos deu no batismo;
2º) para nos garantir a vida eterna, que custou para Ele a morte de cruz;
3º) para que, unidos a Ele, amemos e glorifiquemos dignamente a Santíssima Trindade;
4º) para renovar continuamente o seu sacrifício por nós, na Santa Missa;
5º) para que os homens jamais se esquecessem do quanto Ele nos amou e continua a amar.

* 132. Que é comungar?

Comungar é receber Jesus no Sacramento da Eucaristia.

NA LITURGIA

Na Santa Missa, à hora da consagração, o sacerdote repete exatamente os mesmos gestos e as mesmas palavras de Cristo, quando consagrou o pão e o vinho. Jesus serve-se do padre para operar o milagre eucarístico.

ORAÇÃO

Graças e louvores sejam dados a todo o momento ao santíssimo e diviníssimo sacramento.

MISSÃO A CUMPRIR

Contar com entusiasmo aos parentes e amigos a história da Última Ceia.

DEVO GUARDAR PARA A VIDA

"Quem come deste Pão viverá eternamente".

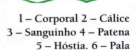

1 – Corporal 2 – Cálice
3 – Sanguinho 4 – Patena
5 – Hóstia. 6 – Pala

COMUNGAR SEMPRE DIGNAMENTE

ESTADO DE GRAÇA – FÉ – DEVOÇÃO – JEJUM

15

SEJAMOS DIGNOS DE JESUS

(A: 1Cor 11,20.)

133. **Que é necessário para nos tornarmos dignos de receber a Jesus na comunhão?**

Para nos tornarmos dignos de receber a Jesus na comunhão, três coisas são necessárias:

1º) o estado de graça;

2º) estar em jejum, conforme as prescrições da Igreja;

3º) saber o que vai receber e apresentar-se à comunhão com fé e devoção.

* 134. Há obrigação de comungar?

Há obrigação de comungar em perigo de morte, e, ao menos, uma vez cada ano, pela Páscoa da Ressurreição.

135. É coisa útil e boa comungar frequentemente?

Sim. Comungar frequentemente, e até todos os dias, é coisa ótima, contanto que se faça com as devidas disposições, sob a direção de um bom confessor.

136. Que efeitos produz em nós a Eucaristia?

Os principais efeitos que a Eucaristia produz em nós são:

1º) conserva e aumenta a vida da alma, que é a graça recebida no batismo, assim como o alimento material conserva e aumenta a vida do corpo;

2º) apaga os pecados veniais e preserva dos mortais;

3º) une-nos a Jesus Cristo e faz-nos viver de sua vida, como perfeitos filhos do Pai celeste.

JEJUM EUCARÍSTICO

Deve-se guardar jejum desde uma hora
antes da comunhão. Água e remédios não
quebram o jejum

NA LITURGIA

O papa, os bispos, os sacerdotes e todos os bons católicos, antes de comungar, rezam: Senhor, eu não sou digno de que entreis em minha morada, mas dizei uma palavra, e serei salvo.

Senhor Jesus, ajudai-me com a vossa luz e a vossa graça, pura que eu nunca vos receba indignamente na comunhão. Amém.

MISSÃO A CUMPRIR

Todos os anos, pelo tempo da Páscoa, até o dia 16 de julho, lembrar delicadamente aos parentes e amigos a sagrada obrigação de comungar.

DEVO GUARDAR PARA A VIDA

A hóstia consagrada é o próprio Jesus vivo e verdadeiro, entre nós. Respeito!

JESUS-HÓSTIA, A VÍTIMA POR NOSSOS PECADOS

FAZEI ISTO EM MEMÓRIA DE MIM

16

O SACRIFÍCIO DE JESUS

(A: Lc 22,7. B: 242.)

137. **A Eucaristia é somente sacramento?**

Não. A Eucaristia é também o sacrifício permanente da nova lei que Jesus deixou à sua Igreja, para ser oferecido a Deus, por meio dos sacerdotes.

138. **Como se chama este sacrifício da nova lei?**

Este sacrifício da nova lei chama-se o sacrifício da missa.

* **139. Que é a missa?**

A missa é o sacrifício incruento do corpo e do sangue de Jesus Cristo, oferecido sobre os nossos altares, debaixo das aparências de pão e de vinho, em memória do sacrifício da cruz.

* **140. Quem instituiu o sacrifício da missa?**

O sacrifício da missa foi instituído pelo próprio Jesus Cristo, quando instituiu o Sacramento da Eucaristia, na noite antes de sua paixão.

* **141. Por quem se oferece o sacrifício da missa?**

O sacrifício da missa se oferece por todos os homens, especialmente pelos fiéis e pelas almas que se acham no purgatório.

142. O sacrifício da missa aproveita às almas do purgatório?

Sim. O sacrifício da missa aproveita às almas do purgatório, aliviando e abreviando os seus sofrimentos.

NA LITURGIA

Na Santa Missa, Jesus se oferece ao Pai celeste como vítima por nossos pecados. Depois de nos alcançar o perdão, nos convida a todos para a sagrada ceia dos filhos de Deus, que é a comunhão. Por isso, a missa é o banquete dos filhos de Deus, na igreja, que é a casa do Pai.

ORAÇÃO

Comunhão espiritual: Senhor Jesus, eu creio que neste momento, em alguma parte da terra, estais sobre o altar, como vítima pelos pecados dos homens. Eu vos agradeço e vos abro meu coração para vossa morada. Vivei em mim, Senhor, que eu quero viver em vós. Amém.

MISSÃO A CUMPRIR

Zelar com carinho para que ninguém falte à Santa Missa, aos domingos e dias santos.

DEVO GUARDAR PARA A VIDA

A Santa Missa é o maior tesouro que Deus dá aos homens nesta vida.

O banquete dos filhos de Deus.

PRESENTE DE PÁSCOA DE JESUS

O SACRAMENTO DA VERDADEIRA PAZ

17

JESUS NOS DÁ O PERDÃO DO PAI CELESTE
(A: Jo 20,19; Lc 15,11. B: 268.)

143. Como é que Jesus nos dá o perdão do Pai celeste?

Jesus nos dá o perdão do Pai celeste pela confissão.

* 144. Que é a confissão?

A confissão é o sacramento instituído por Nosso Senhor Jesus Cristo, para perdoar os pecados cometidos depois do batismo.

* 145. **Que coisas se exigem para fazer uma boa confissão?**

Para fazer uma boa confissão se exigem cinco coisas: 1º) exame; 2º) arrependimento; 3º) propósito; 4º) confissão; 5º) satisfação.

1º) DO EXAME

146. **Como devemos fazer o exame de consciência?**

Para fazer o exame de consciência nós nos devemos pôr na presença de Deus e procurar lembrar com cuidado os pecados cometidos.

2º) DO ARREPENDIMENTO

* 147. **Que é o arrependimento dos pecados?**

O arrependimento dos pecados é uma verdadeira e sincera detestação dos pecados cometidos, com firme propósito de nunca mais pecar.

148. **Que devemos fazer para conseguir o arrependimento?**

Para conseguir o arrependimento devemos pedi-lo a Deus, e provocá-lo em nós pensando no grande mal que fizemos, quando pecamos: ofendemos a Deus que é tão bom; esquecemos do nosso Salvador pregado na cruz e merecemos o purgatório ou o inferno.

* 149. **O arrependimento deve estender-se a todos os pecados?**

Sim. O arrependimento deve estender-se a todos os pecados mortais cometidos.

3°) DO PROPÓSITO

* 150. Em que consiste o propósito?

O propósito consiste na vontade firme e decidida de nunca mais pecar, e de empregar todos os meios necessários para evitar o pecado.

4°) DA CONFISSÃO

151. Em que consiste a confissão?

A confissão consiste na acusação clara e distinta dos pecados, feita ao confessor, para recebermos a absolvição e a penitência.

* 152. Que pecados somos obrigados a confessar?

Somos obrigados a confessar somente os pecados mortais; mas é bom confessar também os pecados veniais.

153. Como devemos acusar os pecados mortais?

Devemos acusar os pecados mortais, declarando o número deles, a espécie e as circunstâncias que mudam a espécie ou que mudam o pecado venial em mortal.

154. Que pecado cometerá quem, por vergonha ou medo, se tiver confessado mal?

Quem, por vergonha ou medo, houvesse ocultado pecado grave, ou mentido em matéria grave, na confissão, não alcançaria perdão de nenhum pecado e cometeria um sacrilégio.

* 155. Que deve fazer quem, na confissão, esqueceu pecados mortais?

Quem, na confissão, esqueceu pecados mortais, deve acusá-los na primeira confissão que fizer.

5°) DA SATISFAÇÃO

156. Que é a satisfação?

A satisfação é a execução da penitência imposta pelo confessor.

* 157. Quando se deve cumprir a penitência?

Se o confessor marcar tempo, o penitente deverá cumprir a penitência no tempo marcado; se não marcar, convém que a cumpra quanto antes.

158. Que fim tem a penitência imposta pelo confessor?

A penitência imposta pelo confessor tem por fim a reparação da injúria feita a Deus pelos pecados cometidos.

NA LITURGIA

Na Santa Missa, antes de comungar, o sacerdote reza: "Senhor Jesus Cristo... livrai-me dos meus pecados e de todo mal; dai-me cumprir sempre a vossa vontade e jamais separar-me de vós".

ORAÇÃO

Senhor, não fui capaz de guardar a graça do batismo. O pecado me venceu. Como sois bom, Senhor. Destes-me o Sacramento da Confissão para me perdoar e tornar-me de novo filho de Deus. Eu vos agradeço e prometo fazer todas as noites o exame de consciência, para guardar fielmente o bom propósito da confissão. Amém.

MISSÃO A CUMPRIR

Contar aos outros a belíssima história do filho pródigo, para mostrar como Deus é Pai bondoso, sempre pronto a nos perdoar na confissão.

DEVO GUARDAR PARA A VIDA

O sacramento da confissão é fonte da verdadeira Paz.

1 – *Exame de consciência:* o filho pródigo pensativo entre os porcos.
2 – *Arrependimento:* Como fui mau para meu pai! E ele é tão bom!
3 – *Propósito:* Vou voltar para a casa de meu pai!
4 – *Confissão:* Meu pai, eu pequei!
5 – *Satisfação:* Em casa, obediente ao pai.

CONFORTO PARA A ALMA

NOVA ESPERANÇA DE CURA

18

JESUS, ALÍVIO DOS DOENTES

(A: Tg 5,14; Mc 6,13. B: 200.)

159. Como é que Jesus alivia os doentes?

Jesus alivia os doentes pela unção dos enfermos.

* 160. Que é a unção dos enfermos?

A unção dos enfermos é o sacramento instituído por Nosso Senhor Jesus Cristo para alívio espiritual e corporal dos enfermos.

161. A unção dos enfermos serve apenas para nos garantir a felicidade no céu?

70

Não. A unção dos enfermos serve também como remédio para nos restituir a saúde do corpo.

* 162. Quando devemos chamar o sacerdote para a unção dos enfermos?

Devemos chamar o sacerdote para a unção dos enfermos quando a doença é grave e coloca o doente em perigo de vida.

163. É preciso esperar que o doente entre em agonia?

Não se deve esperar tanto. O doente deve estar consciente, porque, antes de receber a santa unção, deve confessar-se e, se possível, comungar.

* 164. Que fazer quando alguém morre repentinamente?

Mesmo quando alguém morre repentinamente, devemos chamar o sacerdote quanto antes.

NA LITURGIA

Na Santa Missa, um pouco antes da consagração, o sacerdote reza por todos os fiéis presentes, dizendo: "Lembrai-vos, ó Pai... e de todos os que circundam este altar... eles vos oferecem conosco este sacrifício de louvor por si e por todos os seus..."

ORAÇÃO

Senhor, eu vos agradeço vossa bondade e vos peço a graça de passar desta vida para a vida eterna, confortado e purificado pela unção de tão admirável sacramento. Amém.

MISSÃO A CUMPRIR

Sempre avisar ao padre vigário quando tiver notícias de doentes em estado mais ou menos grave.

DEVO GUARDAR PARA A VIDA

Quando cair gravemente enfermo, pedirei a unção dos enfermos.

Tudo preparado para a unção dos enfermos:

1 – mesa ao lado da cama do enfermo. 2 – crucifixo e velas. 3 – água benta com um raminho para aspergir. 4 – pequeno recipiente com água natural. 5 – bacia com água, toalha e sabonete. 6 – algodão.

PEDRO-TIAGO-JOÃO-ANDRÉ-FILIPE BARTOLOMEU

MATEUS-TOMÉ-TIAGO-TADEU-SIMÃO-JUDAS

19

JESUS CONOSCO PELOS PADRES

(A: Mc 3,7. B: 186.)

* 165. **Por que dizemos que Jesus fica conosco pelos padres?**

    Dizemos que Jesus fica conosco pelos padres porque os padres são ministros e representantes de Jesus.

166. **Como é que os padres se tornam ministros e representantes de Jesus?**

    Os padres se tornam ministros e representantes de Jesus pelo Sacramento da Ordem.

* 167. **Que é a Ordem?**

A Ordem é o sacramento que Jesus Cristo instituiu para transmitir aos sacerdotes o poder de exercer as funções sagradas e a graça necessária de exercê-las santamente.

* 168. **Quais são as principais funções sagradas?**

As principais funções sagradas são:

1º) celebrar a Santa Missa;

2º) administrar os santos sacramentos;

3º) pregar a Palavra de Deus;

4º) cuidar para que todos os homens cheguem com segurança ao céu.

169. **Qualquer menino pode ser padre?**

Sim. Qualquer menino pode ser padre. Basta que Jesus o escolha.

170. **Em geral, como sabe o menino que Jesus o escolheu?**

1º) quando deseja ser padre para ajudar a Jesus;

2º) quando é piedoso, amigo da oração e das coisas da Igreja;

3º) quando é puro e habituado a viver sem pecado mortal;

4º) quando é estudioso;

5º) quando tem boa saúde.

171. **Que deve fazer o menino que pensa ser escolhido?**

O menino que pensa ser escolhido deve conversar sobre isso com um sacerdote, quanto antes.

* 172. **Jesus precisa muito de bons padres?**

Sim. Jesus precisa muito de bons padres para dar a todos os homens a salvação que Ele nos trouxe.

173. **Como se chama o lugar onde se preparam os futuros sacerdotes?**

O lugar onde se preparam os futuros sacerdotes se chama seminário. Os alunos se chamam seminaristas.

NA LITURGIA
Principalmente quando está no altar celebrando a Santa Missa, o padre deve ser para nós um outro Cristo.

ORAÇÃO
Senhor, enviai-nos muitos e santos sacerdotes.

MISSÃO A CUMPRIR
Perguntar ao padre vigário como se pode ajudar a Obra das Vocações Sacerdotais.

DEVO GUARDAR PARA A VIDA
Jesus me deixou o padre para guiar-me com segurança para o céu.

Um bispo ordena um novo sacerdote.

**DEUS CRIOU – ABENÇOOU – SANTIFICOU
O AMOR HUMANO**

**UM SÓ HOMEM – UMA SÓ MULHER
UNIDOS ATÉ À MORTE**

20

JESUS UNE PARA SEMPRE OS CASADOS

(A: Jo 2; Mt 19,3. B: 175.)

174. **Como é que Jesus une os casados para sempre?**

Jesus une os casados para sempre pelo matrimônio.

* 175. **Que é o matrimônio?**

O matrimônio é o sacramento que Nosso Senhor Jesus Cristo instituiu para santificar e firmar **para sempre** a união entre o homem e a mulher e dar-lhes a graça de se amarem com fidelidade e educarem cristãmente seus filhos.

* 176. Por que o sacramento do matrimônio une para sempre os casados?

O matrimônio une **para sempre** os casados porque assim o determinou Deus, desde o princípio, e Jesus Cristo o confirmou.

177. O chamado casamento civil é verdadeiro para os cristãos?

Não. O casamento civil não é sacramento, e por isso não é verdadeiro para os cristãos.

178. Que fazer onde for lei o casamento civil?

Onde for lei o casamento civil os noivos cristãos apresentem-se também ao oficial civil, a fim de conseguirem os efeitos civis. Mas antes do casamento religioso não podem viver como marido e mulher.

* 179. Pode o casamento cristão ser desfeito pelo magistrado civil?

Nunca. O casamento cristão só é desfeito pela morte de um dos cônjuges.

* 180. Que pensar então do divórcio?

O divórcio é contrário à Lei de Deus, à felicidade das famílias e aos interesses da sociedade.

* 181. Perante quem se deve celebrar o matrimônio?

Para que o casamento seja válido, exige-se que não haja impedimento que o anule, e seja celebrado na presença do pároco, em sua paróquia, e de duas testemunhas.

182. **Que fazer, quem pensa seriamente em casar-se?**

Quem pensa seriamente em casar-se deve orar muito, viver de maneira exemplar e pedir o conselho dos pais e do confessor.

183. **Como tratar o casamento?**

Para tratar o casamento os noivos devem fazer o seguinte:

1º) apresentar-se ao padre vigário pelo menos um mês antes;

2º) repetir a doutrina católica em geral e especialmente a doutrina sobre o matrimônio, para um exame perante o vigário;

3º) apresentar os seguintes documentos:

– certidão de batismo tirada recentemente;

– autorização do vigário se a noiva deseja casar-se fora de sua paróquia;

– comprovante de que o processo civil já está em andamento.

184. **Como santificar o dia do casamento?**

O dia do casamento seja santificado por uma boa confissão geral e santa comunhão.

NA LITURGIA

O matrimônio é tão santo e tão amado por Deus e pela Igreja, que a mesma Igreja criou uma Santa Missa especial para celebrar o casamento. Todos os noivos deviam casar-se durante a Santa Missa.

ORAÇÃO

Jesus, Maria, José, que os lares sejam santos como o lar de Nazaré.

MISSÃO A CUMPRIR

Entre os pobres, muitos casais não se casam na Igreja por falsa vergonha. Procurar casos assim e orientá-los para o padre vigário.

DEVO GUARDAR PARA A VIDA

Respeitar o casamento como coisa santa.

Casamento durante a Santa Missa.

O PAPA TEM AS CHAVES DO CÉU

SATANÁS E OS MAUS NÃO VENCERÃO A IGREJA

21

JESUS NOS AMA PELA IGREJA

(A: Mt 16,13. B: 205.)

* 185. **Ao voltar para o céu, Jesus deixou os homens abandonados?**

    Não. Antes de voltar para o céu, Jesus nos deixou a Igreja.

* 186. **Que é a Igreja?**

    A Igreja é a família de Deus, formada pelos batizados, que vivem conforme os ensinamentos de Jesus, governados pelo papa, bispos e sacerdotes. A Igreja chama-se também Corpo Místico de Cristo.

187. **Por que se chama a Igreja de Corpo Místico de Cristo?**

Chama-se a Igreja de Corpo Místico de Cristo porque, pelo batismo, todos nós passamos a viver a mesma vida sobrenatural de Cristo, unidos a Ele como os membros de um corpo à cabeça.

188. **A quem Cristo confiou o governo da Igreja?**

Cristo confiou o governo da Igreja a São Pedro com os apóstolos e seus legítimos sucessores.

189. **Quais são os legítimos sucessores de São Pedro e dos apóstolos?**

Os legítimos sucessores de São Pedro e dos apóstolos são o papa e os bispos.

190. **Que é um concílio?**

Concílio é a reunião dos bispos convocados pelo papa para o governo da Igreja.

191. **Pode a Igreja errar, quando nos manda crer alguma coisa?**

Não. A Igreja não pode errar, quando nos manda crer alguma coisa, porque o Espírito Santo a guarda do erro. Por isso é infalível.

192. **O Papa também é infalível?**

Sim. O papa é infalível.

* 193. **Por que dizemos que Jesus nos ama pela Igreja?**

Dizemos que Jesus nos ama **pela Igreja** porque pelo papa, bispos e padres da Igreja, é Ele mesmo que continua a salvar os homens. O papa, os bispos e padres são apenas seus ministros, representantes.

194. Como é que Jesus salva os homens por meio de seus ministros?

São vários os modos de Jesus salvar os homens por meio de seus ministros. Eis os principais:

1º) A pregação: Jesus mandou seus ministros ensinar a verdadeira fé aos homens, em seu nome, com sua autoridade.

2º) Os sacramentos: é o próprio Jesus que se serve de seus ministros para nos dar os sacramentos.

3º) A missa: é o próprio Jesus que, como chefe da Igreja, unido aos fiéis pelos ministros,

a) renova o sacrifício do calvário;

b) dá amor e glória à SS. Trindade.

195. Existe uma palavra para indicar esta ação misteriosa e salvadora de Jesus na Igreja?

Esta ação misteriosa e salvadora de Jesus na Igreja se chama **liturgia**.

NA LITURGIA

Em todas as santas missas que celebram, os sacerdotes lembram São Pedro e os apóstolos e rezam pelo papa e pelo bispo da diocese.

ORAÇÃO

Senhor, fazei-me amar cada vez mais a Santa Igreja e ajudá-la com todas as minhas forças a levar a salvação a todos os homens. Amém.

MISSÃO A CUMPRIR

Ler e fazer que outros leiam jornais e revistas **católicos** para conhecerem e amarem mais a Santa Igreja.

DEVO GUARDAR PARA A VIDA

A Igreja é Jesus vivo na terra, ensinando, santificando, salvando os homens.

O governo visível da Igreja
Bispo – Papa – Vigário.

TIVE FOME E ME DESTES DE COMER

ESTIVE ENFERMO E NÃO ME VISITASTES

22

COMO AMAR A JESUS

(A: Mt 25,31. B: 241.)

* 196. **Quando é que amamos a Jesus como Ele merece?**

    Amamos a Jesus como Ele merece quando vivemos na graça de Deus e praticamos as obras de misericórdia.

* 197. **Que nos ensinam as obras de misericórdia?**

    As obras de misericórdia nos ensinam a amar ao próximo como a nós mesmos, por amor a Jesus.

198. Quantas são as obras de misericórdia?

As obras de misericórdia são quatorze: sete corporais e sete espirituais.

As corporais são:

1º) Dar de comer a quem tem fome.

2º) Dar de beber a quem tem sede.

3º) Vestir os nus.

4º) Dar pousada aos peregrinos.

5º) Visitar os enfermos e encarcerados.

6º) Remir os cativos.

7º) Enterrar os mortos.

As espirituais são:

1º) Dar bom conselho.

2º) Ensinar os ignorantes.

3º) Corrigir os que erram.

4º) Consolar os aflitos.

5º) Perdoar as injúrias.

6º) Sofrer com paciência as fraquezas do próximo.

7º) Rogar a Deus pelos vivos e defuntos.

* 199. Por que devemos praticar as obras de misericórdia?

Devemos praticar as obras de misericórdia:

1º) porque Jesus ama a todos os homens e quer que nós nos amemos uns aos outros com o mesmo amor com que Ele nos amou;

2º) porque amar com o amor de Jesus é sentir-se responsável pela salvação eterna do próximo, pois Jesus morreu crucificado para salvar a todos os homens;

3º) porque Jesus quer que vivamos como uma grande família, a família de Deus;

4º) porque Jesus nos vai julgar conforme o grau do nosso amor ao próximo.

NA LITURGIA

Todos os dias, cada minuto, Jesus nos dá o grande exemplo do seu inesgotável amor aos homens, renovando por nós o sacrifício da cruz, na Santa Missa. Aprendamos dele o amor ao próximo.

ORAÇÃO

Jesus, eu vos quero amar como mereceis. E, para vos provar o meu amor, quero amar a todos os homens com o mesmo amor com que vós nos amais.

MISSÃO A CUMPRIR

Examinar diariamente a consciência sobre a prática das obras de misericórdia.

DEVO GUARDAR PARA A VIDA

Quem diz que ama a Deus e não ama ao próximo é mentiroso (Sagrada Escritura).

Obras corporais.   Obras espirituais.

ORAÇÃO DA COMUNIDADE CRISTÃ
A SANTA MISSA
INÍCIO DA CELEBRAÇÃO
(Entrada e preparação da assembleia)

A família de Deus está reunida para celebrar a Palavra e a Eucaristia. Cantando, manifesta a alegria de bendizer seu Deus, dar-lhe graças e anunciar sua fraternidade.

Quando o sacerdote chega a seu lugar, cessa o canto e todos juntos fazem o sinal da cruz, dizendo o celebrante:

Em nome do Pai, do Filho e do Espírito Santo.

O povo responde: Amém.

Em seguida, saúda a assembleia reunida com uma das fórmulas seguintes:

a) A graça de Nosso Senhor Jesus Cristo,
o amor do Pai
e a comunhão do Espírito Santo
estejam convosco.

O povo responde:
Bendito seja Deus que nos reuniu no amor de Cristo.

b) A graça e a paz de Deus, nosso Pai,
e de Jesus Cristo, Nosso Senhor,
estejam convosco.
O povo responde:
Bendito seja Deus que nos reuniu no amor de Cristo.
O sacerdote, o diácono ou outro ajudante devidamente preparado poderá, com breves palavras, introduzir os fiéis na missa do dia.
ATO PENITENCIAL
O sacerdote, então, convida os fiéis ao rito penitencial:
Irmãos, reconheçamos as nossas culpas
para celebrar dignamente os santos mistérios.
Após um instante de silêncio, para uma revisão pessoal, reza-se uma das fórmulas seguintes:
A) S. Confessemos os nossos pecados:
T. **Confesso a Deus todo-poderoso**
e a vós, irmãos,
que pequei muitas vezes
por pensamentos e palavras,
atos e omissões,
e, batendo no peito, dizem:
por minha culpa, minha tão grande culpa.
E peço à Virgem Maria,
aos anjos e santos
e a vós, irmãos,
que rogueis por mim a Deus Nosso Senhor.
S. Deus todo-poderoso tenha compaixão de nós,
perdoe os nossos pecados
e nos conduza à vida eterna.
O povo responde: **Amém.**
Invocando o Senhor, a assembleia implora a sua misericórdia:

S. Senhor, tende piedade de nós.
T. **Senhor, tende piedade de nós.**
S. Cristo, tende piedade de nós.
T. **Cristo, tende piedade de nós.**
S. Senhor, tende piedade de nós.
T. **Senhor, tende piedade de nós.**

B) S. Tende compaixão de nós, Senhor.
T. **Porque somos pecadores.**
S. Manifestai, Senhor, a vossa misericórdia.
T. **E dai-nos a vossa salvação.**
S. Deus todo-poderoso tenha compaixão de nós,
   perdoe os nossos pecados
   e nos conduza à vida eterna.
O povo responde: **Amém**.
S. Senhor, tende piedade de nós.
T. **Senhor, tende piedade de nós.**
S. Cristo, tende piedade de nós.
T. **Cristo, tende piedade de nós.**
S. Senhor, tende piedade de nós.
T. **Senhor, tende piedade de nós.**

C) S. Senhor, que viestes salvar os corações
   arrependidos, tende piedade de nós.
O povo responde:
T. **Senhor, tende piedade de nós.**
S. Cristo, que viestes chamar os pecadores,
   tende piedade de nós.
O povo responde:
T. **Cristo, tende piedade de nós.**
S. Senhor, que intercedeis por nós
   junto do Pai, tende piedade de nós.
O povo responde:
T. **Senhor, tende piedade de nós.**

S. Deus todo-poderoso tenha compaixão de nós,
perdoe os nossos pecados
e nos conduza à vida eterna.

O povo responde: Amém.

HINO À TRINDADE

DIRIGENTE

– A Igreja unida no Espírito Santo suplica e glorifica ao Pai e ao Filho cantando (ou recitando) todos juntos ou em coros alternados:

■ Glória a Deus nas alturas,

☐ e paz na terra aos homens por Ele amados.

■ Senhor Deus, Rei dos céus, Deus Pai todo-poderoso:

☐ nós vos louvamos,

■ nós vos bendizemos,

☐ nós vos adoramos,

■ nós vos glorificamos,

☐ nós vos damos graças, por vossa imensa glória.

■ Senhor Jesus Cristo, Filho Unigênito.

☐ Senhor Deus, Cordeiro de Deus, Filho de Deus Pai.

■ Vós que tirais o pecado do mundo, tende piedade de nós.

☐ Vós que tirais o pecado do mundo, acolhei a nossa súplica.

■ Vós que estais à direita do Pai, tende piedade de nós.

☐ Só vós sois o Santo,

■ só vós, o Senhor,

☐ só vós, o Altíssimo, Jesus Cristo,

Todos: com o Espírito Santo, na glória de Deus Pai. Amém.

À ORAÇÃO

– Ao convite do sacerdote que diz: Oremos – todos oram em silêncio por algum tempo. Em seguida o sacerdote reza em voz clara a oração da comunidade, apresentando-a ao Pai por meio de Jesus Cristo.

... Por Nosso Senhor Jesus Cristo, vosso Filho, na unidade do Espírito Santo.

ou:

... Vós que sois Deus, com o Pai, na unidade do Espírito Santo.

Todos respondem: Amém.

I
MESA DA PALAVRA

DIRIGENTE

– Deus fala a seu povo, revela o mistério da redenção e salvação. O próprio Cristo por sua Palavra se torna presente no meio dos fiéis. Para maior atenção, a assembleia é convidada a sentar-se, olhar para o leitor e ouvir a lição atentamente:

O leitor conclui: *Palavra do Senhor*

– Todos aclamam: *Graças a Deus*

EVANGELHO

(Sinal da Cruz com o sacerdote)

S. O Senhor esteja convosco!
T. Ele está no meio de nós!
S. Evangelho de Jesus Cristo, segundo N.
T. Glória a vós, Senhor!
O leitor conclui dizendo: **Palavra da salvação.**
Todos aclamam: **Glória a vós, Senhor!**

(SERMÃO)

CREDO

DIRIGENTE

– O sacerdote vai entoar o Credo, e nós vamos recitá-lo juntos, renovando com entusiasmo as promessas do batismo, prometendo fazer tudo o que Nosso Senhor nos ensinou:

■ Creio em um só Deus,
Pai todo-poderoso,
criador do céu e da terra,
de todas as coisas visíveis e invisíveis.

☐ Creio em um só Senhor, Jesus Cristo,
Filho Unigênito de Deus,
nascido do Pai antes de todos os séculos:

- Deus de Deus, Luz da Luz,
  Deus verdadeiro de Deus verdadeiro;
  gerado, não criado, consubstancial ao Pai.
- [ ] Por Ele todas as coisas foram feitas.
- E por nós, homens, e para nossa salvação,
  desceu dos céus;
  e se encarnou pelo Espírito Santo
  no seio da Virgem Maria, e se fez homem.
- [ ] Também por nós foi crucificado
  sob Pôncio Pilatos;
  padeceu e foi sepultado.
- Ressuscitou ao terceiro dia,
  conforme as Escrituras;
  e subiu aos céus, onde está sentado
  à direita do Pai.
- [ ] De novo há de vir, em sua glória,
  para julgar os vivos e os mortos;
  e o seu reino não terá fim.
- Creio no Espírito Santo,
  Senhor que dá a vida,
  e procede do Pai e do Filho;
  e com o Pai e o Filho é adorado e glorificado:
- [ ] Ele que falou pelos profetas.
- Creio na Igreja,
  una, santa, católica e apostólica.
- [ ] Professo um só batismo para remissão
  dos pecados.

T. **E espero a ressurreição dos mortos
e a vida do mundo que há de vir.
AMÉM.**
(Ou o Credo à página 8).

II
MESA DO CORPO DO SENHOR

APRESENTAÇÃO DAS OFERTAS

DIRIGENTE

– O pão e o vinho que o sacerdote oferece estão em nosso lugar, pois que cada um de nós deve querer ser todo de Deus, somente de Deus. Vamos dizer isso a Nosso Senhor, lembrando o dia da nossa crisma, em que fomos marcados com o sinal da cruz, como propriedade sagrada do Senhor.

S. Bendito sejais, Senhor, Deus do universo, pelo pão que recebemos da vossa bondade, fruto da terra e do trabalho do homem, que agora apresentamos, e para nós se vai tornar pão da vida.

T. **Bendito seja Deus para sempre!**

S. Bendito sejais, Senhor, Deus do universo, pelo vinho que recebemos da vossa bondade, fruto da videira e do trabalho do homem, que agora vos apresentamos, e para nós se vai tornar vinho da salvação.

T. Bendito seja Deus para sempre!

* * *
(Ver lições 14, 16)

Sobre a mesa o pão e o vinho
Que por Cristo, nosso Irmão,
Ofertamos, com carinho,
A Deus Pai, pela oração.

Como a hóstia que ofertamos,
Como o vinho, sobre o altar,
Pai celeste, a vós nos damos,
Para em Cristo vos amar.

S. Orai, irmãos,
para que o nosso sacrifício seja
aceito por Deus Pai todo-poderoso.

T. **Receba o Senhor por tuas mãos este sacrifício,
para glória do seu nome,
para nosso bem e de toda a santa Igreja.**

DIRIGENTE

– Agora que nos damos totalmente a Deus, Nosso Senhor está contente conosco, e como que nos chama diante de seu trono, para que nós o louvemos junto com os anjos e santos do céu. Vamos fazê-lo, respondendo ao sacerdote:

S. O Senhor esteja convosco:

T. **Ele está no meio de nós.**

S. Corações ao alto:

T. **O nosso coração está em Deus.**

S. Demos graças ao Senhor nosso Deus:

T. **É nosso dever e nossa salvação.**

(Segue o Prefácio)

**Santo, Santo, Santo,
Senhor, Deus do universo!
O céu e a terra proclamam a vossa glória.
Hosana nas alturas!
Bendito o que vem em nome do Senhor!
Hosana nas alturas!**

***

(Ver lição 4)

Anjos e homens, cada dia,
Junto à mesa do Senhor,
Num só hino de alegria,
Rendem graças ao Amor!

(Ver lições 4, l, 16)

Pelo amor do Pai eterno,
É Deus Filho o Redentor;
Nada pode mais o inferno,
Cristo é nosso Salvador.

Por seu sangue, temos vinho;
Por seu corpo, temos pão,
A lembrar-nos, com carinho,
O mistério da paixão.

CÂNON

DIRIGENTE

– Deus vai aceitar o nosso pão e o nosso vinho e convertê-los no Corpo e Sangue de Jesus, Filho de Deus vivo e nosso Salvador. E assim, no altar que está diante de nós, se renova a paixão, morte e ressurreição de Jesus.

– Neste momento, o altar é como que um outro calvário. Lá, Jesus crucificado oferece de novo sua vida ao Pai celeste, para livrar os homens do pecado e reuni-los todos na família de Deus.

– Nesta hora tão santa, vamos pedir a Jesus que se lembre especialmente do papa, de nosso bispo (N.), do nosso vigário (N.), dos nossos pais, professores e superiores; dos nossos irmãos e parentes, de nossos amigos e de todos os homens que esperam a salvação. Que todos juntos formemos a família de Deus.

ORAÇÃO EUCARÍSTICA – V

S. O Senhor esteja convosco!
T. Ele está no meio de nós.
S. Corações ao alto!
T. O nosso coração está em Deus.
S. Demos graças ao Senhor, nosso Deus.
T. É nosso dever e nossa salvação.
Celebrante:
É justo e nos faz todos ser mais santos
louvar a vós, ó Pai, no mundo inteiro,
de dia e de noite, agradecendo
com Cristo, vosso Filho, nosso irmão.
É ele o sacerdote verdadeiro
que sempre se oferece por nós todos,
mandando que se faça a mesma coisa
que fez naquela ceia derradeira.
Por isso, aqui estamos bem unidos,
louvando e agradecendo com alegria,
juntando nossa voz à voz dos anjos
e à voz dos santos todos, pra cantar (dizer):
Todos:
Santo, Santo, Santo,
Senhor, Deus do universo!
O céu e a terra proclamam a vossa glória.
Hosana nas alturas!
Bendito o que vem em nome do Senhor!
Hosana nas alturas!
O sacerdote, de braços abertos, diz:
Celebrante:
Senhor, vós que sempre quisestes
ficar muito perto de nós,

vivendo conosco no Cristo,

falando conosco por Ele,

Une as mãos e as estende sobre as oferendas, dizendo:

mandai vosso Espírito Santo

a fim de que as nossas ofertas

une as mãos e traça o sinal da cruz sobre o pão e o cálice ao mesmo tempo, dizendo:

se mudem no Corpo † e no Sangue

de nosso Senhor Jesus Cristo.

Todos:

Mandai vosso Espírito Santo!

Une as mãos.

Nas fórmulas que se seguem, as palavras do Senhor sejam proferidas de modo claro e audível como requer a natureza das mesmas.

Celebrante:

Na noite em que ia ser entregue,

ceando com os seus doze apóstolos,

toma o pão, mantendo-o um pouco elevado sobre o altar, e prossegue:

Jesus, tendo o pão em suas mãos,

olhou para o céu

inclina a cabeça

e deu graças,

partiu o pão e o entregou a seus discípulos,

dizendo:

TOMAI E COMEI, TODOS VÓS:
ISTO É O MEU CORPO,
QUE É DADO POR VÓS.

Mostra ao povo a hóstia consagrada, coloca-a na patena, fazendo genuflexão para adorá-la.

Então prossegue:

Do mesmo modo,

no fim da ceia,

toma o cálice nas mãos, mantendo-o um pouco elevado sobre o altar, e prossegue:

tomou o cálice em suas mãos,

inclina a cabeça

deu graças novamente

e o entregou a seus discípulos,

dizendo:

TOMAI E BEBEI, TODOS VÓS:

ESTE É O CÁLICE DO MEU SANGUE,

O SANGUE DA NOVA E ETERNA ALIANÇA,

QUE É DERRAMADO POR VÓS

E POR TODOS OS HOMENS,

PARA O PERDÃO DOS PECADOS.

FAZEI ISTO

PARA CELEBRAR A MINHA MEMÓRIA.

Mostra o cálice ao povo, coloca-o sobre o corporal e faz genuflexão para adorá-lo.

Em seguida, diz:

Tudo isto é Mistério da Fé!

Todos:

Toda vez que se come deste Pão,

toda vez que se bebe deste vinho,

se recorda a Paixão de Jesus Cristo

e se fica esperando sua volta.

O sacerdote, de braços abertos, diz:

Celebrante:

Recordamos, ó Pai, neste momento,
a paixão de Jesus, Nosso Senhor,
sua ressurreição e ascensão;
nós queremos a vós oferecer
este pão que alimenta e que dá vida,
este vinho que nos salva e dá coragem.
Todos:
Recebei, ó Senhor, a nossa oferta!
Celebrante:
E quando recebermos pão e vinho,
o Corpo e Sangue dele oferecidos,
o Espírito nos una num só Corpo,
pra sermos um só povo em seu amor.
Protegei vossa Igreja que caminha
nas estradas do mundo rumo ao céu,
cada dia renovando a esperança
de chegar junto a vós, na vossa paz.
Todos:
Caminhamos na estrada de Jesus.
Celebrante:
Dai ao santo padre, o papa N.,
ser bem firme na fé, na caridade,
e a N., que é bispo desta Igreja,
muita luz pra guiar o seu rebanho.
Todos:
Caminhamos na estrada de Jesus.
Celebrante:
Esperamos entrar na vida eterna
com a Virgem, Mãe de Deus e da Igreja,
os apóstolos e todos os santos que na vida
souberam amar Cristo e seus irmãos.

Todos:

Esperamos entrar na vida eterna.

Celebrante:

A todos que chamastes pra outra vida
na vossa amizade,
e aos marcados com o sinal da fé,
abrindo vossos braços, acolhei-os.
Que vivam para sempre bem felizes
no Reino que pra todos preparastes.

Todos:

A todos dai a luz que não se apaga.

Celebrante:

E a nós, que agora estamos reunidos
e somos povo santo e pecador,
dai força para construirmos juntos
o vosso Reino que também é nosso.

Une as mãos.

Ergue o cálice e a patena com a hóstia, dizendo:

Por Cristo,
com Cristo,
em Cristo,
a vós, ó Pai todo-poderoso,
toda a honra e toda a glória
agora e para sempre
na unidade do Espírito Santo.

Todos:

Amém!

Continua na p. 107

ORAÇÃO EUCARÍSTICA – II

S. O Senhor esteja convosco!
T. Ele está no meio de nós.
S. Corações ao alto.
T. O nosso coração está em Deus.
S. Demos graças ao Senhor, nosso Deus.
T. É nosso dever e nossa salvação.
Na verdade, ó Pai,
Deus eterno e todo-poderoso,
é nosso dever dar-vos graças,
é nossa salvação dar-vos glória,
em todo tempo e lugar,
por Jesus Cristo, o filho do vosso amor.
Ele é a vossa palavra,
pela qual tudo criastes.
Vós o enviastes como salvador e redentor,
verdadeiro homem,
concebido do Espírito Santo,
e nascido da Virgem Maria.
Ele, para cumprir a vossa vontade
e conquistar um povo santo
para o vosso louvor,
estendeu os braços na hora da sua paixão,
a fim de vencer a morte
e manifestar a ressurreição.
Por isso, com todos os anjos e santos
proclamamos a vossa glória,
cantando (dizendo) a uma só voz:
Todos aclamam:
Santo, Santo, Santo,
Senhor, Deus do universo!

O céu e a terra proclamam a vossa glória.
Hosana nas alturas!
Bendito o que vem em nome do Senhor!
Hosana nas alturas!
Na verdade, ó Pai, vos sois santo
e fonte de toda santidade:
santificai estas oferendas,
derramando sobre elas o vosso Espírito,
a fim de que se tornem para nós
o corpo e † o sangue de Jesus Cristo,
vosso Filho e Senhor nosso.

ou

Estando para ser entregue
e abraçando livremente a paixão,
ele tomou o pão,
deu graças,
e o partiu
e deu a seus discípulos,
dizendo:
TOMAI E COMEI, TODOS VÓS:
ISTO É O MEU CORPO,
QUE É DADO POR VÓS.
Do mesmo modo,
ao fim da ceia,
ele tomou o cálice em suas mãos,
deu graças novamente,
e o deu a seus discípulos,
dizendo:
TOMAI E BEBEI, TODOS VÓS:
ESTE É O CÁLICE DO MEU SANGUE,
O SANGUE DA NOVA E ETERNA ALIANÇA,

**QUE É DERRAMADO POR VÓS
E POR TODOS OS HOMENS,
PARA O PERDÃO DOS PECADOS.
FAZEI ISTO
PARA CELEBRAR A MINHA MEMÓRIA.**
Eis o mistério da fé!

Todos:

a) **Anunciamos, Senhor, a vossa morte
e proclamamos a vossa ressurreição.
Vinde, Senhor Jesus!**

Ou:

b) **Todas as vezes que comemos deste pão
e bebemos deste cálice,
anunciamos, Senhor, a vossa morte
enquanto esperamos a vossa vinda!**

Ou:

c) **Salvador do mundo, salvai-nos,
vós que nos libertastes
pela cruz e ressurreição.**

Celebrando, pois, a memória
da morte e ressurreição do vosso Filho,
nós vos oferecemos, ó Pai,
o pão da vida
e o cálice da salvação;
e vos agradecemos
porque nos tornastes dignos
de estar aqui na vossa presença
e vos servir.

E nós vos suplicamos
que, participando do corpo

e sangue de Cristo,
sejamos reunidos pelo Espírito Santo
num só corpo.

Lembrai-vos, ó Pai,
da vossa Igreja
dispersa pelo mundo inteiro:
que ela cresça na caridade,
com o papa N.,
com o nosso bispo N.
e todo o clero.

Nas missas pelos mortos pode-se acrescentar:

Lembrai-vos do vosso filho (da vossa filha) N.
que (hoje) chamastes deste mundo
à vossa presença.
Concedei-lhe que,
tendo participado da morte do Cristo
pelo batismo,
participe igualmente da sua ressurreição.

Lembrai-vos também
dos nossos irmãos
que morreram na esperança da ressurreição
e de todos os que partiram desta vida:
acolhei-os junto a vós
na luz da vossa face.

Enfim, nós vos pedimos,
tende piedade de todos nós
e dai-nos participar da vida eterna,
com a Virgem Maria, Mãe de Deus,
com os santos apóstolos
e todos os que neste mundo vos serviram,
a fim de vos louvarmos e glorificarmos.
Por Jesus Cristo, vosso Filho.

Por Cristo,
com Cristo,
em Cristo,
a vós, ó Pai todo-poderoso,
toda a honra e toda a glória,
agora e para sempre
na unidade do Espírito Santo.

O povo aclama: **Amém!**

(Além dessas duas formas diferentes, há ainda outras orações eucarísticas que o padre pode escolher).

PAI-NOSSO

DIRIGENTE

– Chegamos com Jesus glorioso até o trono do Pai celeste. Com o sacerdote, vamos saudá-lo com o Pai-nosso.

S. Rezemos, com amor e confiança, a oração que o Senhor nos ensinou:

T. **Pai nosso...** (p. 9)

***

S. Livrai-nos de todos os males, ó Pai,
e dai-nos hoje a vossa paz.
Ajudados pela vossa misericórdia, sejamos
sempre livres do pecado e protegidos de todos
os perigos, enquanto, vivendo a esperança,
aguardamos a vinda do Cristo Salvador.

T. **Vosso é o reino, o poder e a glória para sempre.**

S. Senhor Jesus Cristo, dissestes aos vossos
apóstolos: Eu vos deixo a paz, eu vos dou
a minha paz. Não olheis os nossos pecados,
mas a fé que anima vossa Igreja;
dai-lhe, segundo o vosso desejo,
a paz e a unidade.
Vós que sois Deus, com o Pai e o Espírito Santo.

T. Amém.

S. A paz do Senhor esteja sempre convosco.

T. O amor de Cristo nos uniu.

FRAÇÃO DO PÃO

(Segue imediatamente):

Cordeiro de Deus que tirais o pecado do mundo, tende piedade de nós.

Cordeiro de Deus que tirais o pecado do mundo, tende piedade de nós.

Cordeiro de Deus que tirais o pecado do mundo, dai-nos a paz.

S. Felizes os convidados para a ceia do Senhor! Eis o Cordeiro de Deus que tira o pecado do mundo.

T. **Senhor, eu não sou digno de que entreis em minha morada, mas dizei uma palavra e serei salvo.**

(NA COMUNHÃO)

S. O Corpo de Cristo. C. Amém.

PÓS-COMUNHÃO

S. Oremos... por todos os séculos dos séculos.

T. **Amém.**

(Benzer-se)

ENCERRAMENTO

S. O Senhor esteja convosco.

T. **Ele está no meio de nós.**

(Benzer-se)

S. Abençoe-vos Deus todo-poderoso, Pai † e Filho e Espírito Santo.

T. **Amém.**

S. Vamos em paz e o Senhor nos acompanhe.

T. **Amém.**

***

(Ver lições 22, 3)

Todos nós já comungamos
Do Pão Vivo, Pão de Amor;
Como irmãos, então, vivamos,
Bem unidos no Senhor.

À Santíssima Trindade,
Glória, amor e gratidão,
E por toda a eternidade,
Nosso alegre coração.

ORAÇÕES COTIDIANAS

que os pais ensinarão a seus filhos, os mestres e mestras a seus alunos e alunas

ORAÇÃO DA MANHÃ

Pelo sinal † da santa cruz, livrai-nos, Deus † nosso Senhor, dos nossos † inimigos. Em nome do Pai e do Filho † e do Espírito Santo. Amém.

Meu Deus, creio que estais aqui presente; adoro-vos e vos amo de todo o meu coração; dou-vos infinitas graças por me haverdes criado e feito nascer no grêmio da Igreja Católica; por me haverdes conservado nesta noite (ou neste dia) e preservado de uma morte repentina.

Em união com os merecimentos de Jesus Cristo, de sua Mãe Santíssima e de todos os santos, vos ofereço todos os meus pensamentos, palavras e obras, para vossa maior glória, em ação de graças por todos os benefícios que de vós tenho recebido, em satisfação de meus pecados. Faço tenção de ganhar todas as indulgências que hoje posso lucrar. Dignai-vos, Senhor, de preservar-me neste dia (ou nesta noite) do pecado, e livrai-me de todo mal. Amém.

Pai-nosso, Ave-Maria.

CONSAGRAÇÃO A MARIA SANTÍSSIMA

(Para se rezar todos os dias, pela manhã e à noite)

Ave-Maria.

Ó senhora minha, ó minha Mãe! eu me ofereço todo a vós, e, em prova de minha devoção para convosco, vos consagro meus olhos, meus ouvidos, minha boca, meu coração e inteiramente todo o meu ser. E como assim sou vosso, ó incomparável Mãe, guardai-me, defendei-me, como coisa e propriedade vossa.

SANTO ANJO

Santo Anjo do Senhor,
Meu zeloso guardador,
Se a ti me confiou
A piedade divina,
Sempre me rege e guarda,
Governa e ilumina.

Glória ao Pai e ao Filho e ao Espírito Santo. Como era no princípio, agora e sempre. Amém.

ANGELUS

. O Anjo do Senhor anunciou a Maria.

℟. E ela concebeu do Espírito Santo. Ave-Maria.

. Eis aqui a escrava do Senhor.

℟. Faça-se em mim segundo a vossa palavra. Ave-Maria.

. E o Verbo se fez homem.

℟. E habitou entre nós. Ave-Maria.

. Rogai por nós, Santa Mãe de Deus.

R̶. Para que sejamos dignos das promessas de Cristo.

Oremos. – Infundi, Senhor, vos suplicamos, vossa graça em nossas almas, para que nós, que, pela anunciação do anjo, viemos ao conhecimento da encarnação de Jesus Cristo, vosso Filho, pela sua paixão e cruz, sejamos conduzidos à glória da ressurreição. Pelo mesmo Jesus Cristo Senhor nosso. Amém.

Glória ao Pai, etc. (3 vezes, para dar graças à SS. Trindade pelos sublimes privilégios que concedeu à bem-aventurada sempre Virgem Maria, na sua gloriosa assunção ao céu).

RAINHA DO CÉU

(Para o tempo da Páscoa)

. Rainha do céu, alegrai-vos, aleluia.

R̶. Porque quem merecestes trazer em vosso puríssimo seio, aleluia.

. Ressuscitou como disse, aleluia.

R̶. Rogai por nós a Deus, aleluia.

. Exultai e alegrai-vos, ó Virgem Maria, aleluia.

R̶. Porque o Senhor ressuscitou verdadeiramente, aleluia.

Oremos. – Ó Deus, que vos dignastes alegrar o mundo com a ressurreição do vosso Filho Jesus Cristo, Senhor nosso, concedei-nos, vo-lo suplicamos, que por sua Mãe, a Virgem Maria, alcancemos os prazeres da vida eterna.

Pelo mesmo Cristo nosso Senhor. Amém.

ORAÇÃO A CRISTO-REI

Ó Cristo Jesus, eu vos reconheço como Rei universal. Tudo o que foi feito, para vós foi criado. Exercei sobre mim todos os vossos direitos. – Renovo as minhas promessas do batismo,

– renunciando a Satanás, às suas pompas e às suas obras,

– prometo viver como bom cristão.

– E mui particularmente empenhar-me-ei

– a fazer triunfar por todos os meios a meu alcance os direitos de Deus e da vossa Igreja. Divino Coração de Jesus,

– ofereço-vos as minhas pobres ações para alcançar que todos os corações reconheçam a vossa realeza sagrada,

– e que por esse modo o reino da vossa paz

– se estabeleça em todo o mundo. – Assim seja.

ORAÇÃO DA NOITE

Pelo sinal † da santa cruz, livrai-nos Deus † nosso Senhor, dos nossos † inimigos. Em nome do Pai e do Filho, † e do Espírito Santo. Amém.

Meu Deus, creio que estais aqui presente, etc.

(Com todas as orações, como pela manhã).

Exame de consciência

Examinemos a nossa consciência e lembremo-nos dos pecados que hoje cometemos por pensamentos, palavras, ações ou omissões.

1º) Nas nossas orações e outros exercícios de piedade (pausa).

2º) No respeito e docilidade para com os nossos pais e quaisquer outros nossos superiores, e no cumprimento das nossas obrigações (pausa).

3º) No cuidado sobre os nossos sentidos, particularmente a vista e a língua; se falamos mal do próximo; se proferimos alguma palavra grosseira ou desonesta (pausa).

4º) Nas ações, pensamentos e afeições; se houve alguma coisa menos digna e desregrada (pausa).

5º) No exercício da caridade: se maltratamos o nosso próximo e se, podendo socorrer a algum pobre, deixamos de fazê-lo (pausa).

Terminado este exame, segue-se o Ato de Contrição, à p. 10.

ORAÇÃO PELAS ALMAS DO PURGATÓRIO

Deus de bondade e de misericórdia, tende piedade das benditas almas dos fiéis, que estão sofrendo no purgatório; abreviai as suas penas, dai-lhes o descanso eterno e fazei nascer para elas a perpétua luz. Amém.

Pai-nosso, Ave-Maria, Glória.

PREPARAÇÃO PARA A CONFISSÃO

Antes do exame de consciência

Meu Deus e Senhor, eu me preparo para o santo sacramento da confissão. Iluminai o meu espírito, a fim de que eu conheça claramente o número e a gravidade de meus pecados, me arrependa deles e os confesse ao vosso ministro com verdadeira dor e firme propósito de nunca mais vos tornar a ofender. Amém.

Exame de consciência

Primeiro mandamento (religião). Tenho deixado de rezar as orações diárias por preguiça? – Tenho deixado de estudar religião? – Tenho tido vergonha da minha religião? – Tenho consultado espíritas, feiticeiros, benzedores e cartomantes?

Segundo mandamento (santos nomes). Tenho pronunciado o nome de Deus, ou dos santos, sem respeito e devoção? – Tenho rogado alguma praga? – Tenho jurado à toa ou até jurado falso? – Tenho deixado de cumprir uma promessa que fiz?

Terceiro mandamento (domingos e dias santos). Tenho, por própria culpa, faltado à missa nos domingos e dias santos? – Tenho, por própria culpa, chegado tarde à missa nos domingos e dias santos? – Depois do ofertório? – Tenho sido irreverente na igreja, rindo-me ou conversando com os outros?

– Tenho trabalhado nos domingos ou dias santos sem necessidade? – Por horas inteiras?

Quarto mandamento (pais e superiores). Tenho sido malcriado para com meus pais ou superiores? – Tenho-lhes sido desobediente? – Em coisas importantes? – Tenho zombado de pessoas pobres, velhas ou defeituosas?

Quinto mandamento (vida e saúde). Tenho sido imoderado em comer e beber? – Tenho ficado com raiva? – Tenho insultado os outros? – Tenho batido neles? – Tenho desejado mal aos outros? – Grande ou pequeno mal? – Tenho levado outros a pecado? – Tenho dado mau exemplo? – Tenho maltratado animais?

Sexto e nono mandamentos (castidade). Tenho pensado voluntariamente em coisas desonestas? – Tenho tido desejo de ver e fazer coisas desonestas? – Tenho olhado de propósito para coisas desonestas? – Tenho lido coisas desonestas? conversado disso? cantado alguma cantiga desonesta? – Tenho faltado ao pudor, despindo-me levianamente à vista de outra pessoa? – Tenho feito coisa desonesta? – Tenho deixado os outros fazer isto comigo?

Sétimo e décimo mandamentos (propriedade alheia). Tenho tirado gulodices em casa, sem licença dos pais? – Tenho furtado dinheiro a meus pais? Quanto? – Tenho furtado qualquer coisa a outros? – Era coisa de valor? – Tenho aceitado ou comprado coisas furtadas? – Tenho ficado com coisas achadas, sem procurar o dono? – Tenho estragado alguma coisa alheia? – Era um prejuízo grave? – Tenho tido vontade de furtar?

Oitavo mandamento (verdade e bom nome). – Tenho mentido? – Tenho prejudicado a outros por mentira? – Tenho falado mal dos outros: a) descobrindo os pecados alheios sem necessidade? b) exagerando faltas do próximo? c) inventado faltas dos outros? Faltas muito graves? Tenho pecado por mexerico?

Mandamentos da Igreja. Tenho, cientemente, comido carne nos dias proibidos pela Igreja?

Pecados capitais. Tenho sido orgulhoso? – Tenho sido preguiçoso?

Ato para excitar a contrição

Eis aqui, ó meu Deus, o vosso filho pródigo, que volta arrependido ao vosso seio paternal! Que motivos de confusão para mim, misericordioso Senhor e amoroso Pai, ter-vos tantas vezes ofendido, depois de vos ter tantas vezes prometido emendar-me. Como me atrevi a pecar na vossa presença, conhecendo quanto o pecado vos desagrada! Ó meu Deus, meu Pai, de todos os pais o melhor e o mais paciente, perdoai-me e não me castigueis segundo o rigor de vossa justiça; tende piedade de mim, que já não sou digno de ser chamado vosso filho, e aceitai os anseios de um coração triste de vos ter ofendido e disposto a amar-vos para sempre. Detesto, Senhor, todos os meus pecados, que são muitos e graves, porque com eles mereci as penas do inferno e ofendi vossa divina majestade, vossa santidade e vossa bondade infinita. Amo-vos sobre todas as coisas, meu Deus, meu Pai, meu Salvador, e por amor de vós quero antes morrer do que vos tornar a ofender.

Confissão
Prática da confissão

Antes da confissão:
Padre, dai-me vossa bênção, porque pequei. A minha confissão foi... (quando?).

Depois da confissão:
Destes e de todos os pecados da minha vida me arrependo de todo o meu coração. Quero emendar-me e peço perdão de minhas culpas. Amém.

PARA DEPOIS DA CONFISSÃO

Quão bom sois, Senhor, para os que vos procuram! Quão grande é o vosso amor e a vossa bondade! Confio que, pelos merecimentos infinitos da paixão e morte de vosso Filho, já me haveis perdoado os meus pecados. Posso contar-me de novo entre os vossos filhos!

Oh! dia feliz da minha vida, oh! momento afortunado! Não permitais, Pai de misericórdia, que eu me esqueça jamais deste inefável benefício. Proponho firmemente evitar o pecado, para nunca mais perder a vossa graça. Abençoai, Senhor, este meu propósito e fortalecei-me para que nunca mais torne a cair. Ó Maria, minha Mãe, rogai por mim e amparai-me. Santos e anjos do céu, intercedei por mim. Amém.

Penitência

Cumprir agora a penitência dada pelo confessor.

PREPARAÇÃO PARA A COMUNHÃO
Ato de fé

D. Senhor meu Jesus Cristo, creio firmemente que estais real e verdadeiramente presente no santíssimo sacramento, como Filho de Deus vivo.

T. **Aumentai a minha fé, ó Jesus!**

Ato de adoração

D. Senhor, eu vos adoro neste augusto sacramento e vos reconheço por meu criador, redentor e soberano Senhor, meu único e sumo bem.

T. **Sois o meu Deus e Senhor, ó Jesus!**

Ato de esperança

D. Senhor, espero que, dando-vos a mim neste divino sacramento, usareis comigo de misericórdia e concedereis todas as graças que são necessárias para a minha eterna salvação.

T. **Fortalecei minha esperança, ó Jesus!**

D. Senhor, eu não sou digno de que entreis em minha casa, mas dizei uma só palavra e minha alma será salva.

T. **Eu não sou digno, ó Jesus!**

Ato de caridade

D. Senhor, vós sois infinitamente amável, meu redentor e meu Deus. Por isso vos amo de todo o meu coração, sobre todas as coisas, e por amor de vós amo a meu próximo, como a mim mesmo, e de boa vontade perdoo aos que me têm ofendido.

T. **Ensinai-me a caridade, ó Jesus!**

Ato de contrição

D. Senhor, detesto todos os meus pecados porque eles me tornaram indigno de receber-vos no meu coração, e proponho, com a vossa graça, nunca mais cometê-los, evitar as ocasiões de pecar e fazer penitência.

T. **Perdoai os meus pecados, ó Jesus!**

Ato de desejo

D. Senhor, ardentemente desejo que visiteis a minha alma e aqui permaneçais, a fim de que eu não me separe de vós, mas fique sempre comigo vossa divina graça.

T. **Ficai para sempre comigo, ó Jesus!**

Estes atos podem ser intercalados convenientemente entre as orações da Missa do Catecismo – p. 81.

AÇÃO DE GRAÇAS PARA DEPOIS DA COMUNHÃO

D. Como agradecer a Deus por tudo o que Ele tem feito por nós? O Senhor nos ama como o mais carinhoso dos pais.

T. Agradeçamos ao Senhor!

D. O Pai celeste nos criou à sua imagem e semelhança, para vivermos como irmãos na família de Deus. Nós pecamos e destruímos a vida de Deus em nossos corações. Mas o Senhor nos salvou!

T. Agradeçamos ao Senhor!

D. A salvação nos veio do céu, por Jesus Cristo Nosso Senhor. O Pai celeste sacrificou por nós o próprio e único Filho! Morrendo na cruz, Cristo alcançou para nós o perdão do Pai eterno, a vida de Deus que recebemos no batismo e que alimentamos com a santa comunhão. Somos de novo filhos de Deus e herdeiros do céu!

T. Agradeçamos ao Senhor!

D. É para reunir a todos os homens junto à cruz da salvação e dar a todos o perdão e a paz com Deus, que Jesus, na Santa Missa, renova continuamente o sacrifício do calvário. A todos Jesus se oferece na santa comunhão, para reunir novamente os homens da família de Deus.

A missa é o banquete da salvação para os filhos de Deus!

T. Agradeçamos ao Senhor!

D. Estamos unidos a Jesus-Hóstia! Jesus, o nosso Irmão, é o Filho muito amado do Pai celeste. Unidos a Jesus, na graça do Espírito Santo, podemos agora falar ao Pai celeste com toda a confiança! Jesus nos representa junto do Pai. É Jesus que fala, louva, glorifica e ama o Pai por nós. Amemos ao Pai celeste, com o amor com que Jesus o ama, com amor sobre todas as coisas. Como é bom viver com Deus!

T. Agradeçamos ao Senhor!

D. Temos um Pai no céu e, no coração, pela Eucaristia, o Filho de Deus vivo, nosso Irmão. Deus fez sua morada em nós. Amemo-nos, então, como irmãos em Cristo, no amor do divino Espírito Santo, que nos une na família de Deus.

T. Agradeçamos ao Senhor!

D. Temos um Pai no céu! Com Cristo em nossos corações, no amor do Espírito Santo, com a confiança de verdadeiros filhos, peçamos a bênção do Pai celeste para a Santa Igreja, para a nossa Pátria e todas as nações do mundo; para nossos pais, parentes, superiores, benfeitores, amigos e inimigos.

(Um momento de silêncio para cada qual formular sua intenção particular). Bendigamos ao Senhor!

T. Demos graças a Deus!

D. Glória ao Pai e ao Filho e ao Espírito Santo.

T. Assim como era no princípio, agora e sempre e por todos os séculos dos séculos. Amém.

ALMA DE CRISTO

D. Alma de Cristo,

T. Santificai-me.

D. Corpo de Cristo,

T. Salvai-me.

D. Sangue de Cristo,

T. Inebriai-me.

D. Água do lado de Cristo,

T. Purificai-me.

D. Paixão de Cristo,

T. Confortai-me.

D. Ó bom Jesus,

T. Ouvi-me.

D. Dentro de vossas chagas,

T. Escondei-me.

D. Não permitais,

T. Que eu me separe de vós.

D. Do espírito maligno,

T. Defendei-me.

D. Na hora da morte,

T. Chamai-me, / e mandai-me ir para vós. Para que com os vossos santos vos louve, / por todos os séculos dos séculos. Amém.

A JESUS CRUCIFICADO

Eis-me aqui, / ó bom e dulcíssimo Jesus! / De joelhos me prostro em vossa presença / e vos peço e suplico, / com todo o fervor de minha alma, / que vos digneis gravar no meu coração / os mais vivos sentimentos de fé, esperança e caridade, / verdadeiro arrependimento de meus pecados; / e firme propósito de emenda, / enquanto por mim próprio considero / e em espírito contemplo com grande afeto e dor / as vossas cinco chagas, / tendo presentes as palavras / que já o profeta Davi punha em vossa boca, ó bom Jesus: / "Traspassaram minhas mãos e meus pés; contaram todos os meus ossos" (Pai-nosso, Ave, Glória).

RENOVAÇÃO DAS PROMESSAS DO BATISMO

A fórmula que segue é a mesma da vigília pascal. O sacerdote dirá breves palavras de introdução.

C. Renunciais a Satanás?

T. Renunciamos.

C. E a todas as suas obras?

T. Renunciamos.

C. E a todas as suas pompas?

T. Renunciamos.

C. Credes em Deus Pai todo-poderoso, criador do céu e da terra?

T. Cremos.

C. Credes em Jesus Cristo, um só seu Filho, nosso Senhor, que nasceu e padeceu?

T. Cremos.

C. Credes também no Espírito Santo, na Santa Igreja Católica, na comunhão dos santos, na remissão dos pecados, na ressurreição da carne e na vida eterna?

T. Cremos.

C. Agora, então, todos juntos invoquemos a Deus, do modo que Nosso Senhor Jesus Cristo nos ensinou rezar:

T. Pai nosso, que estais no céu...

C. E que Deus onipotente, Pai de Nosso Senhor Jesus Cristo, que nos resgatou pela água e pelo Espírito Santo e que nos deu a remissão dos pecados, nos guarde Ele próprio pela sua graça, no mesmo Jesus Cristo, nosso Senhor, para a vida eterna.

T. Amém.

CONSAGRAÇÃO AO SAGRADO CORAÇÃO DE JESUS

Sacerdote – Santíssimo Coração de Jesus, eis-nos aqui prostrados na vossa divina presença, para nos consagrarmos a vós para sempre.

T. Doce Coração de Jesus, tende piedade de nós.

S. Amabilíssimo Jesus, durante os dias de vossa vida mortal vos aprazíeis em abençoar as crianças e em estreitá-las sobre o vosso divino coração, dizendo com infinito amor: "Deixai vir a mim as crianças, porque delas é o reino dos céus". Muito vos agradecemos, ó Jesus, por nos haverdes querido tanto.

T. Por gratidão e amor, nós vos oferecemos o nosso coração.

S. Clementíssimo Jesus, em vossa entrada triunfante em Jerusalém as crianças cantavam: "Hosana: glória ao Filho de Davi!" Unindo hoje as nossas vozes às dos meninos de Jerusalém, repetimos com santa alegria:

T. Adoração, honra e glória ao Sagrado Coração de Jesus.

S. Jesus, cheio de bondade, neste belo dia, atendei aos nossos desejos, ouvi as nossas orações. Todos, ao mesmo tempo, vos pedimos pelo vosso preciosíssimo sangue:

T. **Sagrado Coração de Jesus, guardai-nos a inocência e pureza de coração.**

S. Sagrado Coração de Jesus, abençoai os nossos pais, parentes e benfeitores.

T. **Sagrado Coração de Jesus, abençoai os nossos pais, parentes e benfeitores.**

S. Sagrado Coração de Jesus, tende compaixão dos pobres pecadores.

T. **Sagrado Coração de Jesus, tende compaixão dos pobres pecadores.**

S. Ó Jesus, abençoai estas crianças, que hoje com tanto fervor se consagram ao vosso divino Coração. São vossas, meu Jesus, protegei-as, defendei-as, e fazei que nenhuma jamais se separe de vós.

T. **Sagrado Coração de Jesus, abençoai-nos; por vosso amor queremos viver e morrer. Amém.**

CONSAGRAÇÃO AO CORAÇÃO IMACULADO DE MARIA

Sacerdote – Puríssimo Coração de Maria, pela graça de Deus, fonte inexaurível de bondade, de doçura, de amor e de misericórdia, vós, que amastes a Deus mais que os serafins, Coração imaculado da Mãe de Jesus, que tão vivamente sentistes as nossas misérias e tanto sofrestes pela nossa salvação, que pelo vosso amor mereceis o respeito, o amor, o reconhecimento de todos os homens, dignai-vos receber benignamente (hoje, no dia feliz da nossa primeira comunhão) a nossa consagração.

T. **Ó senhora minha, ó minha Mãe, eu me ofereço todo a vós; / e em prova da minha devoção para convosco / vos consagro / meus olhos / meus ouvidos / minha boca / meu coração / e inteiramente todo o meu ser. / E como assim sou vosso / ó incomparável Mãe / guardai-me / defendei-me / como coisa e propriedade vossa.**

S. Ó Maria, Mãe de Deus e nossa Mãe Santíssima, abençoai estes meninos que vos são consagrados. Guardai-os com cuidado maternal, para que nenhum deles se perca. Defendei-os contra as ciladas do demônio e contra os escândalos do mundo, para que sejam sempre humildes, mansos e puros. Ó Mãe nossa, Mãe de misericórdia, rogai por nós e, depois deste desterro, nos mostrai Jesus, bendito fruto do vosso ventre.

T. Ó clemente, ó piedosa, ó doce sempre Virgem Maria. Amém.

LEMBRAI-VOS

Lembrai-vos, / ó piíssima Virgem Maria, / que nunca se ouviu dizer / que algum daqueles que têm recorrido à vossa proteção, / implorado a vossa assistência / e reclamado o vosso socorro, / fosse por vós desamparado. / Animado eu, pois, com igual confiança, / a vós, ó Virgem entre todas singular, / como a Mãe recorro, / de vós me valho, / e gemendo sob o peso de meus pecados, / me prostro a vossos pés. / Não desprezeis as minhas súplicas, / ó Mãe do Filho de Deus humanado, / mas dignai-vos de as ouvir propícia / e de me alcançar o que vos rogo. / Amém.

MODO DE REZAR O ROSÁRIO

Oferecimento do terço

Divino Jesus, eu vos ofereço este terço, que vou rezar, contemplando os mistérios de nossa redenção. Concedei-me, pela intercessão de Maria, vossa Mãe Santíssima, a quem me dirijo, as virtudes que me são necessárias para bem rezá-lo e a graça de ganhar as indulgências anexas a esta santa devoção.

PRIMEIRO TERÇO:
MISTÉRIOS GOZOSOS
Segundas, quintas-feiras e domingos do Advento até à Quaresma

Primeiro mistério

No primeiro mistério contemplamos como a Virgem Maria foi saudada pelo anjo e lhe foi anunciado que havia de conceber e dar à luz a Cristo, nosso Redentor.

Pai-nosso, 10 Ave-Marias, Glória-ao-Pai.

Segundo mistério

No segundo mistério contemplamos como a Virgem Maria foi visitar sua prima S. Isabel e ficou com ela três meses.

Pai-nosso, 10 Ave-Marias, Glória-ao- Pai.

120

Terceiro mistério

No terceiro mistério contemplamos como a Virgem Maria deu à luz Jesus Cristo, em Belém, e, por não achar lugar na estalagem da cidade, reclinou-o num presépio.

Pai-nosso, 10 Ave-Marias, Glória-ao-Pai.

Quarto mistério

No quarto mistério contemplamos como a Virgem Maria, no dia da sua purificação, apresentou seu Filho no templo, onde estava o velho Simeão, que, tomando-o em seus braços, louvou e deu muitas graças a Deus.

Pai-nosso, 10 Ave-Marias, Glória-ao-Pai.

Quinto mistério

No quinto mistério contemplamos como a Virgem Maria, tendo perdido o seu Filho, que, sem ela o saber, ficara em Jerusalém, o encontrou ao terceiro dia no templo, entre os doutores, disputando com eles.

Pai-nosso, 10 Ave-Marias, Glória-ao-Pai.

SEGUNDO TERÇO:
MISTÉRIOS DOLOROSOS

Terças, sextas-feiras e domingos da Quaresma até à Páscoa

Primeiro mistério

No primeiro mistério contemplamos como Nosso Senhor Jesus Cristo, no horto, orou e suou sangue em tanta quantidade que chegou a correr por terra.

Pai-nosso, 10 Ave-Marias, Glória-ao-Pai.

Segundo mistério

No segundo mistério contemplamos como Nosso Senhor Jesus Cristo foi cruelmente açoitado em casa de Pilatos.

Pai-nosso, 10 Ave-Marias, Glória-ao-Pai.

Terceiro mistério

No terceiro mistério contemplamos como Nosso Senhor Jesus Cristo foi coroado de agudos espinhos por seus algozes.

Pai-nosso, 10 Ave-Marias, Glória-ao-Pai.

Quarto mistério

No quarto mistério contemplamos como Nosso Senhor Jesus Cristo, sendo condenado à morte, carregou com grande paciência a cruz que lhe puseram aos ombros.

Pai-nosso, 10 Ave-Marias, Glória-ao-Pai.

Quinto mistério

No quinto mistério contemplamos como Nosso Senhor Jesus

Cristo, chegando ao monte calvário, foi despido e cravado na cruz com duros pregos, à vista de sua aflita Mãe.

Pai-nosso, 10 Ave-Marias, Glória-ao-Pai.

TERCEIRO TERÇO:
MISTÉRIOS GLORIOSOS

Quartas-feiras, sábados e domingos da Páscoa até ao Advento

Primeiro mistério

No primeiro mistério contemplamos como Nosso Senhor Jesus Cristo, triunfando da morte e dos tormentos, ressuscitou ao terceiro dia, imortal e impassível.

Pai-nosso, 10 Ave-Marias, Glória-ao-Pai.

Segundo mistério

No segundo mistério contemplamos como Nosso Senhor Jesus Cristo, quarenta dias depois de sua ressurreição, subiu ao céu, na presença de sua Mãe Santíssima e dos apóstolos.

Pai-nosso, 10 Ave-Marias, Glória-ao-Pai.

Terceiro mistério

No terceiro mistério contemplamos como Nosso Senhor Jesus Cristo, sentado à mão direita de seu eterno Pai, enviou o Espírito Santo sobre os apóstolos reunidos no cenáculo em companhia da Virgem Maria.

Pai-nosso, 10 Ave-Marias, Glória-ao-Pai.

Quarto mistério

No quarto mistério contemplamos como a Imaculada Mãe de Deus, a sempre Virgem Maria, terminado o curso da vida terrestre, foi assunta em corpo e alma à glória celestial.

Pai-nosso, 10 Ave-Marias, Glória-ao-Pai.

Quinto mistério

No quinto mistério contemplamos como a Virgem Maria foi coroada por seu divino Filho no céu.

Pai-nosso, 10 Ave-Marias, Glória-ao-Pai.

Agradecimento

Infinitas graças vos damos, soberana princesa, pelos benefícios que todos os dias recebemos de vossas mãos liberais. Dignai-vos, agora e sempre, tomar-nos debaixo do vosso poderoso amparo e, para mais vos obrigar, vos saudamos com uma Salve-Rainha (p. 9).

LADAINHA DE NOSSA SENHORA

Senhor, tende piedade de nós.
Jesus Cristo, tende piedade de nós.
Senhor, tende piedade de nós.
Santa Maria, *rogai por nós*
Santa Mãe de Deus,
Santa Virgem das virgens,
Mãe de Jesus Cristo,
Mãe da divina graça,
Mãe puríssima,
Mãe castíssima,
Mãe imaculada,
Mãe intacta,
Mãe amável,
Mãe admirável,
Mãe do bom conselho,
Mãe do Criador,
Mãe do Salvador,
Virgem prudentíssima,
Virgem venerável,
Virgem louvável,
Virgem poderosa,
Virgem benigna,
Virgem fiel,
Espelho de justiça,
Sede da sabedoria,
Causa de nossa alegria,
Vaso espiritual,
Vaso honorífico,
Vaso insigne de devoção,
Rosa mística,
Torre de Davi,
Torre de marfim,
Casa de ouro,
Arca da Aliança,

Porta do céu,
Estrela da manhã,
Saúde dos enfermos,
Refúgio dos pecadores,
Consoladora dos aflitos,
Auxílio dos cristãos,
Rainha dos anjos,
Rainha dos patriarcas,
Rainha dos profetas,
Rainha dos apóstolos,
Rainha dos mártires,
Rainha dos confessores,
Rainha das virgens,
Rainha de todos os santos,
Rainha concebida sem pecado original,
Rainha assunta ao céu,
Rainha do Santo Rosário,
Rainha da paz,
Cordeiro de Deus, que tirais os pecados do mundo, perdoai-nos, Senhor.

Cordeiro de Deus, que tirais os pecados do mundo, ouvi-nos, Senhor.
Cordeiro de Deus, que tirais os pecados do mundo, tende piedade de nós.

. Rogai por nós, Santa Mãe de Deus.
℟. Para que sejamos dignos das promessas de Cristo.

Oremos

Suplicantes vos rogamos, Senhor Deus, que concedais a vossos servos lograr perpétua saúde do corpo e da alma, e que, pela intercessão gloriosa da bem-aventurada sempre Virgem Maria, sejamos livres da presente tristeza e gozemos da eterna alegria. Por Cristo Nosso Senhor. Amém.

PARA A BÊNÇÃO DO SANTÍSSIMO SACRAMENTO

Tão sublime sacramento * Adoremos neste altar. * Pois o Antigo Testamento * Deu ao Novo seu lugar. * Venha a fé, por suplemento, * Os sentidos completar.

Ao eterno Pai cantemos * E a Jesus, o Salvador; * Ao Espírito exaltemos, * Na Trindade, eterno Amor: * Ao Deus Uno e Trino demos * A alegria do louvor. Amém.

. Do céu lhes destes o pão.
(T. P. Aleluia).
℟. Que contém todo sabor.
(T. P. Aleluia).

Oremos

Deus, que neste admirável sacramento nos deixastes o memorial de vossa Paixão, concedei-nos tal veneração pelos sagrados mistérios do vosso Corpo e do vosso Sangue, que experimentemos sempre em nós a sua eficácia redentora. Vós que viveis e reinais pelos séculos dos séculos, R. Amém.

PARA DEPOIS DA BÊNÇÃO DO SANTÍSSIMO

Bendito seja Deus. – Bendito seja seu santo nome. – Bendito seja Jesus Cristo, verdadeiro Deus e verdadeiro homem. – Bendito seja o nome de Jesus. – Bendito seja o seu sacratíssimo Coração. – Bendito seja o seu preciosíssimo sangue. – Bendito seja Jesus no Santíssimo Sacramento do altar. – Bendito seja o Espírito Santo Paráclito. – Bendita seja a grande Mãe de Deus, Maria Santíssima. – Bendita seja a sua Santa e Imaculada Conceição. – Bendita seja a sua gloriosa assunção. – Bendito seja o nome de Maria, Virgem e Mãe. – Bendito seja São José, seu castíssimo esposo. – Bendito seja Deus nos seus anjos e nos seus santos.

ORAÇÃO

Deus e Senhor nosso, / protegei a vossa Igreja, / dai-lhe santos pastores e dignos ministros; / derramai vossas bênçãos sobre o nosso santo padre o papa, / sobre o nosso ([cardeal] arce-)bispo, / sobre o nosso pároco, e todo o clero, / sobre o chefe da nação e do Estado / e sobre todas as pessoas / constituídas em dignidade, / para que governem com justiça; / dai ao povo brasileiro / paz constante e prosperidade completa. / Favorecei com os efeitos contínuos de vossa bondade / o Brasil, / este (arce-)bispado, / a paróquia que habitamos, / a cada um de nós em particular / e a todas as pessoas / por quem somos obrigados a orar, / ou que se recomendaram às nossas orações. / Tende misericórdia das almas dos fiéis / que padecem no purgatório; / dai-lhes, Senhor, o descanso e a luz eterna.

Pai-nosso, Ave-Maria, Glória-ao-Pai.

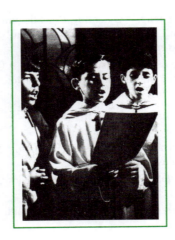

CÂNTICOS

ADVENTO

Um anjo à Virgem Santa, * Embaixador de Deus, * Mensagem traz que espanta * O inferno, a terra, os céus: * "Ave, cheia de graça! * Deus quer de vós nascer". * "Em mim assim se faça * Do Eterno ao bel-prazer".

Salve, dia bendito * No qual Deus se encarnou, * E as tramas do maldito * Em bênçãos transformou. * Salve, hora de mistério, * Em que surgiu Jesus, * E aos homens deu o império * Da sempiterna luz.

NATAL

Noite feliz, noite feliz! * O Senhor, Deus de amor, * Pobrezinho nasceu em Belém! * Eis na lapa Jesus, nosso bem! * Dorme em paz, ó Jesus, * Dorme em paz, ó Jesus!

Noite feliz, noite feliz! * Ó Jesus, Deus da luz, * Quão afável é teu coração, * Que quiseste nascer nosso Irmão, * A nós todos salvar, * A nós todos salvar!

QUARESMA

A morrer crucificado * Teu Jesus é condenado * Por teus crimes, pecador! * Por teus crimes, pecador!

*Pela Virgem dolorosa, * Vossa Mãe tão piedosa, * Perdoai-me, bom Jesus, * Perdoai-me, bom Jesus!*

Com a cruz é carregado * E do peso acabrunhado * Vai morrer por teu amor.

PÁSCOA

Fazei de hosanas retumbar, * Aleluia, * O espaço todo, a terra, o mar. * Aleluia. * Ressuscitou Nosso Senhor. * Aleluia. * Surgiu do mundo vencedor.

Aleluia, aleluia, aleluia.

Da sepultura ei-lo a sair! * Aleluia, * Os guardas todos a fugir! * Aleluia, * No rosto seu tais brilhos há, * Aleluia, * Que o sol os não igualará!

PENTECOSTES

*A nós descei, Divina Luz, * A nós descei, Divina Luz, * Em nossas almas acendei * O amor, o amor de Jesus. * O amor, o amor de Jesus.*

Sem vós, Espírito divino, * Cegos, só podemos errar, * E do mais triste desatino * E do mais triste desatino, * No mais profundo abismo, * Sem fim, sem fim penar.

SANTÍSSIMO SACRAMENTO

Glória a Jesus na hóstia santa, * Que se consagra sobre o altar. * E aos nossos olhos se levanta * Para o Brasil abençoar.

*Que o Santo Sacramento, * O próprio Cristo Jesus, * ||: Seja adorado e seja amado, * Nesta terra de Santa Cruz:*

Glória a Jesus, prisioneiro * Do nosso amor! a esperar * Lá no sacrário o dia inteiro * Que o vamos todos procurar.

PRIMEIRA COMUNHÃO

Prometi, na piscina sagrada, * A Jesus sempre e sempre adorar. * Pais cristãos em meu nome falaram; * Hoje, os votos eu vim confirmar.

*Fiel, sincero, eu mesmo quero * ||: A Jesus prometer meu amor :\\.*

Creio, pois, na divina Trindade, * Pai e Filho e inefável Amor, * No mistério do Verbo encarnado, * Na paixão de Jesus Redentor.

A Jesus servir quero constante, * Sua lei em meu peito gravar, * Combatendo, lutando e vencendo, * A Igreja, fiel, sempre amar.

De Satã aos conselhos perversos, * Desde então, terei asco e horror; * Nem do mundo os prazeres funestos * Poderão esfriar meu fervor.

De Maria serei terno filho; * Dela espero eficaz proteção. * Vencedor nos combates da vida, * Reinarei na celeste mansão.

*Senhor Jesus, nós meninos vos amamos * Com todo o nosso pequeno coração. * A recompensa que nós esperamos, * ||: Seja a nossa eterna salvação :||.*

Antes:

Chegou o dia da querida festa, * Chegou a hora em que vamos comungar, * A inocência brilha em nossa testa, * Queremos sempre a Jesus amar.

Abençoai-nos, ó Jesus querido! * Cercamos vosso presente de amor; * Enquanto sois por muitos esquecido, * Vos adoramos, ó bom Pastor!

Senhor Jesus, nós cremos firmemente * E confessamos sem medo e sem temor: * Que estais na santa hóstia presente, * Sois nosso Deus e Salvador!

Vinde, Senhor de toda majestade, * Vinde, Jesus, nosso Deus e Redentor, * Com corpo, sangue, alma e divindade, * Vinde, mostrai-nos o vosso amor!

Depois:

Oh! alegria! Oh! felicidade! * Entrou Jesus em nosso coração. * Quis esconder a sua divindade, * Para se dar na comunhão.

Humildemente vos agradecemos * A vossa vinda, tão cheia de amor; * Vos entregamos tudo quanto temos, * Ficai conosco, ó Senhor!

(Especial para crianças aos sete anos)

Ato de desejo:

Bom Jesus, da criancinha
Grande amigo e protetor,
Vinde aqui bem depressinha,
Vinde logo, por favor.

Ato de contrição:

Bom Jesus, sede bonzinho,
Vede nosso coração
Tão pequeno, pequenino,
Já precisa de perdão.

Ato de oferecimento:

Nós pedimos, neste dia,
Bom Jesus, vossa atenção;
Pois queremos com alegria
Dar-vos nosso coração.

Ato de humildade:

Prometemos ser bonzinhos,
E imitar-vos, Bom Jesus,
E vivermos bem juntinhos,
Bem juntinhos de Jesus.

Renovação do desejo:

Bom Jesus, da criancinha
Grande amigo e protetor,

Vinde aqui, bem depressinha,
Receber o nosso amor!

Ação de graças e bom propósito:

Bom Jesus, muito obrigado
Pela Santa Comunhão;
Levaremos com cuidado
Vosso Amor no coração.

Não queremos que o pecado
Manche o nosso coração;
Sede, pois, Jesus amado,
Nossa força e proteção.

Bom Jesus, nos despedimos
Com profunda gratidão;
Vos deixamos, entre mimos,
Todo o nosso coração.

NOSSA SENHORA

Com minha Mãe'starei * Na santa glória um dia; * Ao lado de Maria * No céu triunfarei.

    ||: *No céu, no céu, com minha Mãe'starei* :||,

Com minha Mãe'starei, * Aos anjos me ajuntando, * Do Onipotente ao mando, * Hosana lhe darei.

PROCISSÕES

Queremos Deus, homens ingratos, * Ao Pai supremo, ao Redentor, * Zombam da fé os insensatos, * Erguem-se em vão contra o Senhor.

    *Da nossa fé, ó Virgem, * O brado abençoai, * ||; Queremos
    Deus, que é nosso Rei, * Queremos Deus, que é nosso Pai:* ||.

Queremos Deus! Um povo aflito, * Ó doce Mãe, vem repetir * Aos vossos pés d'alma este grito, * Que aos pés de Deus fareis subir.

||: *Eu confio em Nosso Senhor * Com fé, esperança e amor* ||

A meu Deus fiel sempre serei; * Eu confio em Nosso Senhor; * Seus preceitos, oh! sim cumprirei * Com fé, esperança e amor.

Venha embora qualquer tentação, * Eu confio em Nosso Senhor; * Mostrarei que sou sempre cristão, * Com fé, esperança e amor.

(Muitos outros cânticos podem ser encontrados no livro *Cantos e Orações,* publicado pela Editora Vozes).

OFÍCIO
DA IMACULADA CONCEIÇÃO
DA VIRGEM MARIA

Deus vos salve, Filha de Deus Pai,
Deus vos salve, Mãe de Deus filho.
Deus vos salve, Esposa do Espírito Santo,
Deus vos salve, Sacrário da Santíssima Trindade.

MATINAS

Agora, lábios meus,
dizei e anunciai
os grandes louvores
da virgem Mãe de Deus.

Sede em meu favor,
Virgem soberana;
livrai-me do inimigo
com vosso valor.

Glória seja ao Pai,
ao Filho e ao Amor também,
que é um só Deus
em pessoas três,
agora e sempre,
e sem fim. Amém.

HINO

Deus vos salve, Virgem
Senhora do mundo,
Rainha dos céus
e das virgens Virgem.

Estrela da manhã,
Deus vos salve, cheia
de graça divina,
formosa e louçã.

Dai pressa, Senhora,
em favor do mundo,
pois vos reconhece
como defensora.

Deus vos nomeou
já lá "ab aeterno"
para Mãe do Verbo,
com o qual criou
Terra, mar e céus;
e vos escolheu,
quando Adão pecou,
por esposa de Deus,

Deus a escolheu
e, já muito dantes,
em seu tabernáculo
morada lhe deu.

Ouvi, Mãe de Deus,
minha oração,
toquem em vosso peito
os clamores meus.

ORAÇÃO

Santa Maria, Rainha dos céus, Mãe de Nosso Senhor Jesus Cristo, Senhora do mundo, que a nenhum pecador desamparais nem desprezais: ponde, Senhora, em mim os olhos de vossa piedade e alcançai-me de vosso amado Filho o perdão de todos os meus pecados, para que eu, que agora venero com devoção vossa santa Imaculada Conceição, mereça na outra vida alcançar o prêmio da bem-aventurança por mercê de vosso benditíssimo Filho Jesus Cristo, Nosso Senhor, que com o Pai e o Espírito Santo vive e reina para sempre. Amém.

PRIMA

Sede em meu favor... Glória seja ao Pai, etc.

HINO

Deus vos salve,
mesa para Deus ornada,
coluna sagrada,
de grande firmeza;

Casa dedicada
a Deus sempiterno,
sempre preservada,
Virgem, do pecado.

Antes que nascida
fostes, Virgem, santa;
no ventre ditoso
de Ana concebida.

Sois Mãe criadora
dos mortais viventes;
sois dos Santos porta,
dos Anjos Senhora.

Sois forte esquadrão
contra o inimigo,
estrela de Jacó,
refúgio do cristão.

A Virgem, a criou
Deus no Espírito Santo;
e todas as suas obras,
com elas se ornou.

Ouvi, Mãe de Deus...

ORAÇÃO
Santa Maria... (como nas Matinas).

TERÇA
Sede em meu favor... Glória seja ao Pai, etc.

HINO
Deus vos salve, trono
do grão Salomão,
arca do concerto,
velo de Gedeão;

Íris do céu clara,
sarça de visão,
fava de Sansão,
florescente vara;

A qual escolheu
para ser mãe sua,
e de vós nasceu,
o filho de Deus.

Assim vos livrou
da culpa original;
de nenhum pecado
há em vós sinal.

Vós, que habitais
lá nessas alturas
e tendes vosso trono
sobre as nuvens puras.

Ouvi, Mãe de Deus...

ORAÇÃO

Santa Maria... (como nas Matinas).

SEXTA

Sede em meu favor... Glória seja ao Pai, etc.

HINO

Deus vos salve, Virgem,
da Trindade templo,
alegria dos Anjos,
da pureza exemplo;

Que alegrais os tristes
com vossa clemência,
horto de deleites,
palma de paciência.

Sois terra bendita
e sacerdotal;
sois da castidade
símbolo real;

Cidade do Altíssimo,
porta oriental,
sois a mesma graça,
Virgem singular.

Qual lírio cheiroso
entre espinhas duras,
tal sois vós, Senhora,
entre as criaturas.

Ouvi, Mãe de Deus...

ORAÇÃO

Santa Maria... (como nas Matinas).

NOA

Sede em meu favor... Glória seja ao Pai, etc.

HINO

Deus vos salve, cidade
de torres guarnecida,
de Davi com armas
bem fortalecida.

De suma caridade
sempre abrasada,
do dragão a força,
foi por vós prostrada.

Ó mulher tão forte,
ó invicta Judite!
Vós que alentastes
o sumo Davi!

Do Egito o curador
de Raquel nasceu;
do mundo o Salvador,
Maria no-lo deu.

Toda é formosa
minha companheira;
nela não há mácula
da culpa primeira.

Ouvi, Mãe de Deus...

ORAÇÃO

Santa Maria... (como nas Matinas).

VÉSPERAS

Sede em meu favor... Glória seja ao Pai, etc.

HINO

Deus vos salve, relógio,
que, andando atrasado,
serviu de sinal
ao Verbo Encarnado.

Para que o homem suba
às sumas alturas,
desce Deus dos céus
para as criaturas.

Com os raios claros
do sol da Justiça,
resplandece a Virgem,
dando ao sol cobiça.

Sois lírio formoso,
que cheiro respira
entre os espinhos;
da serpente a ira.

Vós a quebrantais
com vosso poder;
os cegos errados,
Vós alumiais.

Fizestes nascer
sol tão fecundo;
e, como com nuvens,
cobristes o mundo.

Ouvi, Mãe de Deus...

ORAÇÃO

Santa Maria... (como nas Matinas).

COMPLETAS

Rogai a Deus, vós,
Virgem, nos converta,
que a sua ira
aparte de nós.
Sede em meu favor... Glória seja ao Pai, etc.

HINO

Deus vos salve, Virgem,
Mãe imaculada,
Rainha de clemência,
de estrelas coroada.

Vós, sobre os Anjos,
sois purificada,
de Deus à mão direita,
estais, de ouro ornada.

Por vós, Mãe de graça,
mereçamos ver
a Deus nas alturas,
com todo o prazer.

Pois sois esperança
dos pobres errantes
e seguro porto
aos navegantes;

Estrela do mar
e saúde certa,
e porta que estais
para o céu aberta.

É óleo derramado,
Virgem, vosso nome;
e os vossos servos
vos hão sempre amado.

Ouvi, Mãe de Deus...

ORAÇÃO

Santa Maria... (como nas Matinas).

OFERECIMENTO

Humildes oferecemos
a vós, Virgem pia,
estas orações,
porque, em nossa guia,
Vade vós adiante
e, na agonia,
vós nos animais,
ó doce Maria. Amém.
(300 dias de indulgência).

Primeiro
catecismo
da doutrina cristã